江西理工大学优秀博士论文文库

全球价值链下我国汽车产业升级机理研究

刘 宇 ◎ 著

知识产权出版社
全国百佳图书出版单位

图书在版编目（CIP）数据

全球价值链下我国汽车产业升级机理研究/刘宇著．—北京：知识产权出版社，2019.3

ISBN 978-7-5130-6158-2

Ⅰ.①全… Ⅱ.①刘… Ⅲ.①汽车工业—产业结构升级—研究—中国 Ⅳ.①F426.471

中国版本图书馆 CIP 数据核字（2019）第 044964 号

策划编辑：蔡　虹
责任编辑：程足芬　　　　　　　　责任校对：谷　洋
封面设计：邵建文　　　　　　　　责任印制：孙婷婷

全球价值链下我国汽车产业升级机理研究
刘宇　著

出版发行：	知识产权出版社有限责任公司	网　　址：	http://www.ipph.cn
社　　址：	北京市海淀区气象路 50 号院	邮　　编：	100081
责编电话：	010-82000860 转 8390	责编邮箱：	chengzufen@cnipr.com
发行电话：	010-82000860 转 8101/8102	发行传真：	010-82000893/82005070/82000270
印　　刷：	北京虎彩文化传播有限公司	经　　销：	各大网上书店、新华书店及相关专业书店
开　　本：	787mm×1092mm 1/16	印　　张：	14.5
版　　次：	2019 年 3 月第 1 版	印　　次：	2019 年 3 月第 1 次印刷
字　　数：	210 千字	定　　价：	69.00 元
ISBN 978-7-5130-6158-2			

出版权专有　侵权必究
如有印装质量问题，本社负责调换。

前　　言

经济发展的全球化，促使制造业在全球范围内的分工越来越细，2001 年，随着全球价值链概念的正式提出，越来越多的学者开始研究全球价值链框架之下的产业升级问题。

我国汽车产业起步于 1953 年 7 月 15 日中国一汽集团的奠基，已经发展了 60 多个年头，从 2009 年开始我国汽车产销量就位居全球第一，取得了很大的成绩，但是也遇到了很多困难。2018 年 2 月，英国 Brand Finance（品牌价值及战略咨询公司）公布了 2018 年全球最有价值品牌 500 强名单，我国仅有哈弗汽车和吉利汽车两个品牌上榜，分别排在第 249 位和第 291 位，品牌价值分别为 68 亿美元和 60 亿美元，与排名第一的奔驰的 439.3 亿美元价值分别相差 371.3 亿美元和 379.3 亿美元。由此可见，我国汽车品牌价值还有很大的提升空间。从技术上看，我国汽车产业自主研发的技术还有很大的提升空间，因此，无论是从技术层面还是从品牌层面，我国汽车产业都有较大的提升空间，需要从产业层面进行升级。

而产业升级是一项系统工程，需要从企业、产业集群、国家政策三个层面统筹考虑。因此，分别构建全球价值链下基于企业能力的我国汽车产业升级微观机理模型，基于集群效应的我国汽车产业升级中观机理模型，基于政策导向的我国汽车产业升级宏观机理模型。

CONTENTS

目 录

第1章 引言 (1)
1.1 研究背景和意义 (1)
  1.1.1 研究背景 (1)
  1.1.2 研究意义 (2)
1.2 研究方案 (3)
  1.2.1 研究目标 (3)
  1.2.2 研究内容 (3)
  1.2.3 研究方法 (7)
  1.2.4 技术路线 (7)
1.3 主要创新之处 (8)
1.4 文献综述 (9)
  1.4.1 产业升级理论 (9)
  1.4.2 自主创新研究理论 (17)
  1.4.3 动态能力理论 (27)
  1.4.4 全球价值链理论 (31)
  1.4.5 简要评析 (33)
1.5 本章小结 (34)

第2章 我国汽车产业发展历程和升级制约因素 (42)
2.1 我国汽车产业发展历程 (42)
  2.1.1 我国汽车产业发展阶段 (43)
  2.1.2 我国汽车产业发展取得的成绩 (45)

2.1.3 市场表现 …………………………………………………… (50)
　　2.1.4 典型企业发展 ……………………………………………… (61)
　　2.1.5 我国汽车产业发展中存在的问题 ………………………… (78)
2.2 我国汽车产业升级制约因素 ……………………………………… (81)
　　2.2.1 企业家精神 ………………………………………………… (81)
　　2.2.2 产业集中度 ………………………………………………… (87)
　　2.2.3 产业政策因素 ……………………………………………… (88)
2.3 本章小结 …………………………………………………………… (90)

第3章 全球价值链下我国汽车产业升级的必要性及分析框架 …………………………………………………………… (94)

3.1 全球价值链下我国汽车产业发展模式及升级的必要性 ………………………………………………………………… (95)
　　3.1.1 合资发展模式分析 ………………………………………… (95)
　　3.1.2 自主创新发展模式分析 …………………………………… (97)
　　3.1.3 我国汽车升级的必要性 …………………………………… (99)
3.2 全球价值链下国外汽车产业升级模式及启示 ………………… (101)
　　3.2.1 日本汽车产业升级模式分析 ……………………………… (101)
　　3.2.2 韩国汽车产业升级模式分析 ……………………………… (102)
　　3.2.3 国外经验对我国汽车产业升级的启示 …………………… (103)
3.3 汽车产业升级内涵及分析框架 ………………………………… (104)
　　3.3.1 汽车产业升级内涵 ………………………………………… (104)
　　3.3.2 汽车产业升级分析框架 …………………………………… (106)
3.4 本章小结 ………………………………………………………… (107)

第4章 基于企业能力的全球价值链下我国汽车产业升级的微观机理 ……………………………………………………… (109)

4.1 全球价值链下的企业能力及其对汽车产业升级的影响 ……………………………………………………………… (109)
　　4.1.1 全球价值链下企业能力的特点 …………………………… (109)
　　4.1.2 企业能力对汽车产业升级的影响 ………………………… (110)

4.2 基于企业能力的全球价值链下我国汽车产业升级的微观
　　机理概念模型 …………………………………………………(111)
　　4.2.1 企业核心动态能力 ……………………………………(111)
　　4.2.2 学习提升机制和能力进化机制 ………………………(113)
　　4.2.3 全球价值链上价值量的提升 …………………………(115)
4.3 全球价值链下我国汽车产业升级微观机理实证研究 …(119)
　　4.3.1 研究设计与方法 ………………………………………(119)
　　4.3.2 信度检验 ………………………………………………(127)
　　4.3.3 效度检验 ………………………………………………(134)
　　4.3.4 结构方程检验 …………………………………………(135)
　　4.3.5 结果及讨论 ……………………………………………(139)
4.4 本章小结 ………………………………………………………(144)

第5章 基于集群效应的全球价值链下我国汽车产业升级的中观机理 …………………………………………………………(148)

5.1 集群效应及其对汽车产业升级的影响 ……………………(148)
　　5.1.1 汽车产业集群和集群效应 ……………………………(148)
　　5.1.2 集聚效应对汽车产业升级的影响 ……………………(150)
　　5.1.3 协同效应对汽车产业升级的影响 ……………………(151)
5.2 基于集群效应的全球价值链下我国汽车产业升级的
　　中观机理概念模型 …………………………………………(152)
　　5.2.1 基于集群效应的全球价值链下我国汽车产业
　　　　　升级的影响因素 ……………………………………(153)
　　5.2.2 基于集群效应的全球价值链下我国汽车产业
　　　　　升级的动力机制 ……………………………………(154)
　　5.2.3 基于集群效应的全球价值链下我国汽车产业
　　　　　升级的实现机制 ……………………………………(155)
5.3 小蓝汽车城产业集群案例分析 ……………………………(157)
　　5.3.1 小蓝汽车城产业集群简介 ……………………………(157)
　　5.3.2 小蓝汽车城产业升级的影响因素分析 ………………(159)

  5.3.3 小蓝汽车产业集群升级的动力机制分析……………(160)
  5.3.4 小蓝汽车产业集群升级的实现机制分析……………(161)
 5.4 本章小结……………………………………………………(166)

第6章 基于政策导向的全球价值链下我国汽车产业升级的宏观机理……………………………………………………(168)

 6.1 政策导向对汽车产业升级的影响分析……………………(168)
  6.1.1 宏观产业政策对技术创新能力的影响分析…………(168)
  6.1.2 宏观产业政策对全球价值链构建的影响分析………(169)
 6.2 基于政策导向的全球价值链下我国汽车产业升级宏观机理概念模型…………………………………………………(170)
  6.2.1 基于政策导向的全球价值链下我国汽车产业升级作用机制…………………………………………………(172)
  6.2.2 基于政策导向的全球价值链下我国汽车产业升级演化机制…………………………………………………(178)
 6.3 我国汽车产业政策对产业升级影响的经验分析…………(180)
  6.3.1 三十多年来我国汽车产业政策的演进过程…………(180)
  6.3.2 产业政策对我国汽车产业升级的影响评估…………(186)
 6.4 本章小结……………………………………………………(188)

第7章 我国汽车产业升级路径研究………………………………(190)

 7.1 技术创新夯实全球价值链下汽车产业升级的基础………(190)
  7.1.1 加大研发投入……………………………………………(190)
  7.1.2 坚持自主研发……………………………………………(200)
  7.1.3 协同创新…………………………………………………(200)
 7.2 集群协同打造全球价值链下汽车产业升级的平台………(201)
  7.2.1 整合产业集群内资源…………………………………(201)
  7.2.2 加强产业集群内合作…………………………………(203)
  7.2.3 提升产业集群内服务…………………………………(204)
 7.3 制度创新构建全球价值链下汽车产业升级的环境………(207)
  7.3.1 增强制度的执行力……………………………………(207)

7.3.2 提高制度的激励力 …………………………………（208）
　　7.3.3 培育制度的文化力 …………………………………（211）
　7.4 本章小结 ………………………………………………（212）
第8章 研究结论与展望 ………………………………………（213）
　8.1 研究结论 ………………………………………………（213）
　8.2 研究展望 ………………………………………………（214）
附录　我国汽车产业升级调查问卷 ……………………………（216）
后　　记 …………………………………………………………（222）

第1章 引　言

1.1　研究背景和意义

1.1.1　研究背景

（1）汽车产业发展的 GVC 背景

随着汽车产业生产经营的全球化，我国汽车产业已经融入了汽车产业的全球生产经营网络之中，成为汽车产业全球价值链中的重要组成部分。

我国汽车产业是全球汽车产业体系中不可或缺的重要组成部分，部分学者已经认识到汽车产业发展的全球化趋势，段文娟等从全球价值链（Global Value Chain，GVC）视角探讨了我国汽车产业升级的问题。周煜等在全球价值链视角下对以嵌入 GVC 为主的合资模式和以构建 GVC 为主的自主创新模式的两类中国汽车产业升级路径的利弊进行了分析。在经济全球化时代，已经很难脱离 GVC 孤立地研究中国汽车产业的升级。

（2）我国汽车产业的发展

经过了六十多年的发展，我国汽车产业已经取得了长足的进步，特别是进入 21 世纪以来，汽车产销量呈现快速增长趋势，从 2009 年开始，我国汽车产销量已经位居全球第一，可以说是实现了量的飞跃。但是在发展质量上还存在着不尽如人意之处，具体而言，我国汽车企业在技术创新能力和管理水平等方面与国际汽车公司相比还存在着较大的差距。随着全球竞争的加剧，使得我国汽车产业的发展面临着较大的压力。

一年一度的中国汽车产业发展国际论坛被称为"汽车行业的达沃斯"，2010年9月3日至5日在天津召开的2010年度中国汽车产业发展国际论坛的主题是"中国汽车产业的转型升级"。这充分说明在后金融危机时代，国家已经把加快转变经济发展方式、改善经济增长方式放到了重要的位置上。2016年是中国"十三五"规划的开元之年，"十三五"工业规划明确提出了加快工业转型升级的战略任务。因此，根据改善经济发展方式的需要，完成汽车产业的转型升级，是发展汽车产业的首要任务。由于我国汽车产业的基础相对薄弱，发展的历史也不是特别长，在结合我国汽车产业发展特点的同时，充分借鉴国外汽车产业发展的经验，深入研究我国汽车产业升级的内涵、影响因素、升级机理和路径，具有重要的理论意义和实践意义。

1.1.2 研究意义

（1）理论意义

Gereffi等人对东亚服装产业的研究是最早将产业升级应用到全球价值链的背景下的，服装产业属于购买者驱动型价值链。该研究通过实证的方式进行了分析，在构建起整个全球价值链的理论框架的同时，又从整个产业的角度来研究产业升级的问题。通过对国内外全球价值链研究的现状进行分析后发现，从系统的视角对生产者驱动型全球价值链的研究较少，而分析全球价值链下发展中国家的某一具体产业中的升级机理、升级路径等问题的研究则更少。因此，本书以汽车产业作为研究对象，研究了全球价值链下汽车产业升级的微观机理、中观机理和宏观机理，并分别构建了升级机理模型，提出了汽车产业升级的路径，这是对全球价值链在生产者驱动型价值链理论的进一步发展。

（2）实践意义

本书采用了实证研究的方法对全球价值链下我国汽车产业升级微观机理进行了研究，从而获得了全球价值链理论的发展在中国汽车产业中应用的实证依据。此外，通过从系统视角对汽车产业升级机理和升级路径的研究，为我国汽车企业应对全球经济一体化背景下的全球竞争，利用技术创新的方式实现企业升级提供了依据，并以此为契机带动整个区域汽车产业的发展。在本研究中将以江西南昌小蓝汽车城产业集群作为典型案例进行实地调研，并提出汽车产业升级对策和实施方案，具有较强的针对性，有利于地方经济的发展。

1.2 研究方案

1.2.1 研究目标

（1）在借鉴国外汽车产业升级经验的基础之上，结合我国汽车产业发展过程中的具体情况，提出汽车产业升级的必要性，为我国汽车产业升级找到事实依据。

（2）通过结构方程建模，提出我国汽车产业升级的微观机理模型，可以丰富汽车产业发展与经济发展理论。

（3）通过案例分析，结合江西南昌小蓝汽车产业集群，提出我国汽车产业升级的中观机理模型，从而为我国汽车产业升级转型提供参考。

（4）通过制度分析，提出我国汽车产业升级的宏观机理模型，为政策制定者提供参考。

1.2.2 研究内容

（1）全球价值链下我国汽车产业升级的必要性及分析框架
①全球价值链下我国汽车产业发展模式及升级的必要性
针对我国汽车产业发展的实际，分析我国汽车产业发展的模式，

找出存在的问题，从而提出我国汽车产业升级的必要性。

②全球价值链下国外汽车产业升级模式及启示

通过对国外汽车产业升级模式的研究，得出对我国汽车产业升级的启示，从而为我国汽车产业升级提供参考。

③我国汽车产业升级的内涵及分析框架

对本研究中的我国汽车产业升级的内涵进行界定，并提出分析框架。

（2）基于企业能力的全球价值链下汽车产业升级的微观机理

以企业动态能力理论为基础，以我国汽车企业作为研究对象，构建汽车企业的核心动态能力，即市场感知能力、知识创新能力和社会网络能力，通过学习提升机制和能力进化机制的中介作用，促进汽车企业的全球价值链的价值量的提升，从而构建汽车产业升级的微观机理模型。

①全球价值链下的企业能力及其对我国汽车产业升级的影响

从理论的角度分析全球价值链下企业能力对我国汽车产业升级的影响。

②基于企业能力的全球价值链下我国汽车产业升级的微观机理概念模型

汽车企业是构成汽车产业的重要组成部分，因此汽车企业的升级是汽车产业升级的基础，市场感知能力、知识创新能力和社会网络能力是汽车企业的核心动态能力，是提升汽车企业全球价值链上价值量的基础，以汽车企业的核心动态能力为动力，在学习提升机制和能力进化机制的作用下，提升汽车企业的全球价值链上的价值量，在此基础之上构建汽车企业升级的微观机理理论模型。

③全球价值链下我国汽车产业升级的微观机理实证研究

在问卷调查的基础上，运用结构方程模型进行建模，分析汽车企业的市场感知能力、知识创新能力、社会网络能力、学习提升机制、能力进化机制及汽车企业全球价值链上的价值量，从而研究出这些变量之间的关系。

(3) 基于集群效应的全球价值链下汽车产业升级的中观机理

以江西小蓝汽车城产业集群为案例，分析全球价值链下我国汽车产业升级的中观机理概念模型，并从动力机制和实现机制两方面对我国汽车产业升级的中观机理进行研究。

①集群效应及其对我国汽车产业升级的影响

分析汽车产业集群的特征，并分别从产业集群的集聚效应和协同效应来分析其对我国汽车产业升级的影响。

②全球价值链下汽车产业升级的中观机理概念模型

外部影响系统作用于汽车产业的产业创新系统从而实现产业升级，其中外部影响系统由现有产业技术、现有产业结构和制度因素构成；产业创新系统由技术创新和制度创新构成；产业升级由产业组分能力完善、产业结构能力完善和产业动态能力完善构成。

技术创新和制度创新是我国汽车产业升级的主要动力，通过研究与开发进行技术创新，从而使汽车产业集群内汽车企业的市场占有率扩大、生产效率提高和品牌价值提升，进而实现产业价值优化。通过制度创新形成新型产业组织和现有产业制度创新，从而减少交易成本、提供激励、配置资源更合理和完善产业市场，最终实现产业价值优化。

在汽车产业集群内通过合作机制和知识管理机制的作用，最终实现汽车产业全球价值链价值优化。在现有产业结构的基础上，通过前向合作、横向合作和后向合作，在合作机制的作用下，实现产业结构完善，从而实现产业价值优化；技术创新产生创新技术和创新产品，制度创新产生新制度环境和新制度安排，这些成果在知识管理机制的作用下，使产业组分能力和产业动态能力更加完善，最终实现产业升级。

③小蓝汽车城产业集群案例分析

结合江西的小蓝汽车城产业集群，从影响因素、动力机制和实现机制三方面进行案例分析。

(4) 基于政策导向的全球价值链下汽车产业升级的宏观机理

①宏观产业政策对汽车产业升级的影响分析

从产业政策对技术创新和全球价值链的构建两方面分析宏观产业政策对汽车产业升级的影响。

②基于政策导向的全球价值链下汽车产业升级的宏观机理概念模型

以制度变迁理论为基础分析我国汽车产业升级的宏观机理，根据制度演化的一般范式提出全球价值链下我国汽车产业升级的宏观机理概念模型。

汽车企业受到了内外动力的共同作用，其中内在动力包括生存发展能力、竞争合作能力、运营效率和有序程度；外在动力包括制度因素、体制因素、市场因素和风险因素。在内外动力的作用下，实现了汽车产业的升级。

政策因素通过影响资源整合、产业结构优化、市场管理和技术创新来影响汽车产业升级；体制因素通过影响企业的经营效率、创新文化和企业家精神来影响汽车产业升级。

③我国汽车产业政策对产业升级影响的经验分析

分析三十多年来我国汽车产业发展过程中汽车产业政策对汽车产业升级的影响，并对产业政策对汽车产业升级的实际影响进行评估。

(5) 全球价值链下汽车产业升级的路径研究

基于微观、中观和宏观三个层面的升级机理分析，最终分别从微观、中观和宏观提出我国汽车产业升级的路径。

①技术创新夯实全球价值链下我国汽车产业升级的基础

从加强研发投入和坚持自主创新两方面来实现技术创新，从而从基础上保证我国汽车产业实现全球价值链背景下的升级。

②集群协同打造全球价值链下我国汽车产业升级的平台

通过整合产业集群内资源、加强产业集群内合作、提升产业集群内服务来实现区域内协同，从而实现汽车产业升级。

③制度创新构建全球价值链下汽车产业升级的环境

通过增强制度的执行力、提高制度的激励力、培育制度的文化力进行制度创新，最终实现汽车产业升级。

1.2.3　研究方法

（1）结构方程模型研究方法

以汽车企业作为研究对象，先进行问卷设计，然后进行试调查，调整调查问卷使之更加合理，再进行实地调研，在所收集数据的基础上，构建全球价值链下我国汽车产业升级的微观机理模型，使用SPSS进行变量的信度和效度检验，然后用结构方程模型来验证所构建的微观机理模型的正确性。

（2）调查与案例研究方法

通过对江西小蓝汽车产业集群进行案例分析，从而提出全球价值链下汽车产业升级的中观机理模型。

（3）向量自回归模型方法

通过对我国汽车研发投入、科研人员数量和汽车销售收入进行关联分析，探索三者之间的关系。

1.2.4　技术路线

采用定性和定量相结合的研究方法，突出系统研究与案例研究，以全球价值链理论、企业能力理论、产业集群理论、产业政策理论为基础，结合我国汽车产业发展的实践，揭示我国汽车产业升级的内涵及系统机理，从微观机理、中观机理和宏观机理三个层面系统研究我国汽车产业升级的内在规律，并提出具有参考价值的汽车产业升级的路径措施，为我国汽车产业的升级发展提供借鉴，技术线路如图1.1所示。

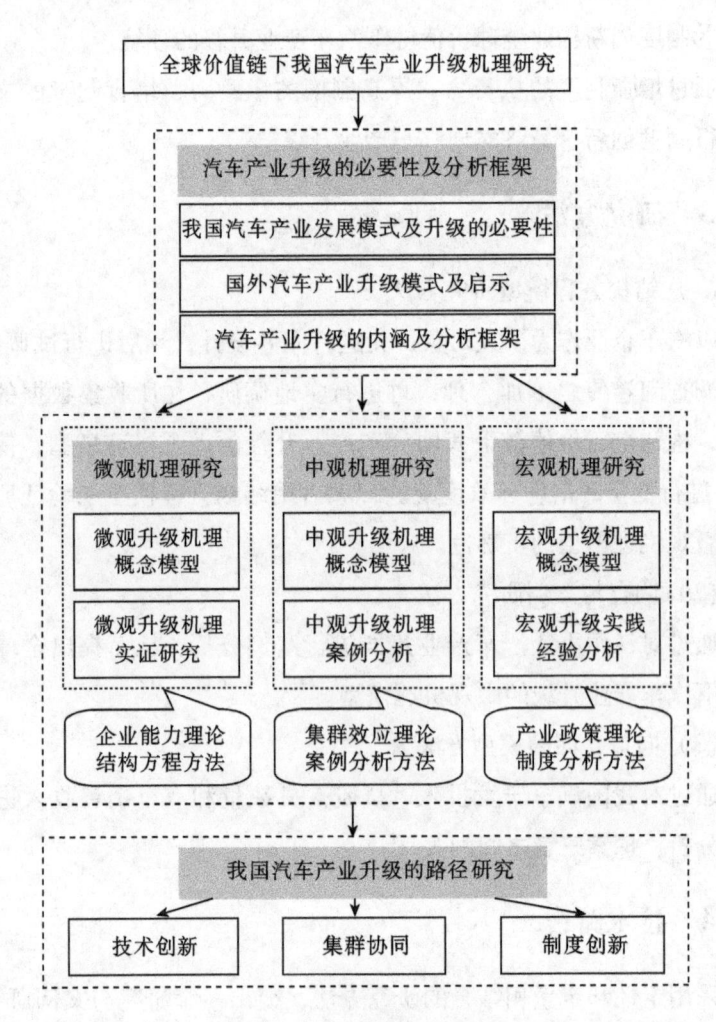

```
┌─────────────────────────────────┐
│   全球价值链下我国汽车产业升级机理研究   │
└─────────────────┬───────────────┘
                  │
     ┌────────────▼────────────┐
     │  汽车产业升级的必要性及分析框架  │
     ├─────────────────────────┤
     │  我国汽车产业发展模式及升级的必要性 │
     ├─────────────────────────┤
     │  国外汽车产业升级模式及启示       │
     ├─────────────────────────┤
     │  汽车产业升级的内涵及分析框架     │
     └─────────────────────────┘

   微观机理研究      中观机理研究      宏观机理研究
   微观升级机理      中观升级机理      宏观升级机理
   概念模型         概念模型         概念模型
   微观升级机理      中观升级机理      宏观升级实践
   实证研究         案例分析         经验分析
   企业能力理论      集群效应理论      产业政策理论
   结构方程方法      案例分析方法      制度分析方法

         我国汽车产业升级的路径研究
   技术创新          集群协同          制度创新
```

图 1.1　本研究的技术路线

Fig. 1.1　Research technology route of the dissertation

1.3　主要创新之处

（1）理论观念的创新

通过对我国汽车产业升级进行系统分析，得到了我国汽车产业升级的系统机理，即微观机理、中观机理和宏观机理，探索出我国汽车产业升级的内在规律。

（2）研究视角的创新

基于企业能力的视角分析我国汽车产业升级的微观机理，得到了全球价值链下我国汽车产业升级的微观机理概念模型，并提供了现实依据。

（3）研究方法的应用创新

应用结构方程模型研究基于能力的全球价值链下我国汽车产业升级的微观机理，获得了企业核心动态能力，通过学习提升机制和能力进化机制的中介作用最终影响全球价值链上价值量提升的路径系数。

运用向量自回归的方法对研发投入和科研人员数量与汽车销售收入进行分析，得出了研发投入与科研人员对汽车销售收入的影响关系。

1.4 文献综述

1.4.1 产业升级理论

1. 产业升级的概念

根据研究视角的不同，产业升级的概念可以从微观、中观和宏观三个层面进行理解。

（1）微观层面

从企业微观层面来界定，国外学者进行了广泛的研究，Porter（1990）认为通过转移产业内部各企业要素来实现产业升级，使技术与资本密集型产业获得丰富的资源，进而依托资源优势来取得竞争优势，获取更大的利润优势。Pietrobelli 和 Rabellotti（2004）认为在激烈的全球竞争环境中，企业竞争能力的提升主要源于自主创新而带来的价值增值，换言之，自主创新带来的价值增值是实现产业升级的重要途径。对于企业而言，为实现产业升级就必须先进行价值增值，可以通过以下方式来实现产业升级：从事新的产业或承担新的生产（或服务）功能、进入有较高单位价值的市场等。从这个意义上讲，在通过价值增值来实现产业升级的过程中，创新不但包括新的工艺流程和新的产品，而且也包括进入壁垒较高的市场，最后通过这些方式来实现升级。国外的其他学者也对产业升级的内涵进行了研究，Poon（2004）认为企业从生产劳动密集型产品转向技术密集型或资本密集型产品的过程就是产业升级。国内学者也进行了一些研究，丁焕峰（2006）提出，产业内的企业能创造消费者对新技术和新产品的需求，技术创新能给企业带来丰厚的利润，从而使得该产业获得更多的优质资源，最终实现产业升级。吴敬琏（2006）认为以前经济增长主要靠投资带动，但资源毕竟是有限的，现代的经济增长需要靠技术创新和提高效率来获得，也就是说产业升级得益于技术创新和提高效率。

产业升级的微观影响因素主要是技术创新和对资源的合理配置能力。国外学者坎特威尔与托兰惕诺（1990）通过对发展中国家进行研究后发现，技术创新可以提高企业生产率，最后带动产业升级。国内学者周振华（1992）认为企业可以通过技术创新和应用新技术来降低运营成本，提高效率，从而实现产业升级。而且，企业运营效率提升的另一途径是对资源的合理配置能力，合理的资源配置能实现产业结构的优化。丁焕峰（2006）提出创新能促进优质资源在不同企业间的重新配置，从而造成了企业间优胜劣汰，最终实现产业升级。陈玉川等（2008）指出，产业升级的微观机理表现在：①产业升级的物质基础来自技术创新所实现的生产设备与生产工艺的升级；②产业升级的人力资源基础来自技术创新所带来的人力资源素质的提升。

基于价值链的视角，可以通过提升企业能力来实现产业升级。国外很多学者对此进行了研究，Michael Porter（1985）最早提出价值链的概念，他运用所构建的价值链分析模型将企业的生产经营活动分为基本活动和辅助性活动两类，并将其视为企业内不同的价值环节，认为优化企业内部价值链可以带来竞争优势。Gereffi（1999）

对于全球价值链下的产业升级进行了深入的研究，他认为产业升级是企业从劳动密集型或低利润实体向高利润或资本与技术密集型实体发展的过程，企业可以通过这一过程来实现其在全球生产网络中地位的转变。除此以外，Gereffi（1999）还从价值链的视角分析了产业升级的动因，提出企业通过实现专业化生产、建设自主品牌、进行技术创新来创造更高的附加值，从而提升产业竞争能力，最终实现产业升级。关于产业升级的形式，Gereffi（1999）从产品层面、经济层面、产业层面和产业间四个层面分析了产业升级的四种表现形式。在 Gereffi 的基础上，Humphrey 和 Schmitz（2002）提出了产业升级的不同方式。他们从流程、产品、功能和部门间四个角度构建产业升级模型。除了理论研究外，还有学者进行了实证研究，Pipkin（2008）通过调查与对比危地马拉和哥伦比亚的典型企业，提出了产业升级所需要具备的三个条件：①更强的生产能力，专业化和个性化的服务；②生产效率的高速增长，具有稳定性或更长的经营历史；③良好的声誉。

综上所述，产业升级可以从以下几方面进行理解：①微观企业积极地进行技术创新和合理配置资源，通过提升企业自身的生产运营管理效率，最终实现产业升级。在市场机制下资源流向更有竞争力的企业。②各产业部门积极通过向技术密集型、资本密集型产业过渡，向差异化产品转换，从而不断提高产业附加值。例如，我国的制造业呈现出了"劳动密集—资本密集—技术密集—知识密集"的发展路径。

（2）中观层面

从中观层面分析，Gereffi（1999）提出产业升级是企业集群或经济体从由初级生产要素创造价值转变到由技术要素和资本要素创造价值的转换过程，后两者的价值创造能力比前者更强。

从宏观角度研究产业升级一般重视总量分析，从微观角度研究产业升级一般重视个体分析，从中观角度研究产业升级一般重视产业构成分析。部分国内学者对此进行了研究，张向阳等（2005）将产业升级定义为产业由技术水平低、附加价值低的状态演变为技术水平高、附加价值高的状态的过程。曾蓓（2010）指出产业升级更多地体现为产业的深化发展与创新，某一产业内部的加工与再加工程度逐步发展为纵深化，实现高集约化、高加工度、高附加值对原来低技术含量、低加工度、低附加值的替代。

日本的筱原三代平（1957）认为应该优化发展那些收入弹性高、生产率上升快、技术进步率高的产业。另外，Grossman（1991）、Lucas（1993）和Fagerberg（2000）等都认为技术创新等因素会引发生产率的增长，进而吸引生产要素逐步向该产业转移，即在整体经济中占更大比重的是生产率增长较高的产业部门，进而实现产业升级。

Gereffi从产业链的角度出发，分析了在企业内部、产业内部、地区内和地区间四个维度如何利用产业链的升级来促进整体产业升级。另外，Gereffi（1999）通过研究服装出口企业，提出了驱动效应、挤出效应与学习效应的三种产业升级影响机制。驱动效应源自顾客的多样化需求，进而带来企业响应能力的提升，从而实现产业升级；挤出效应源自技术进步，当企业有能力满足高附加值产品的需求时，就会倾向于把低附加值产品转移给国内外成本更低的企业，使得企业专注于技术创新和设备更新，从而实现产业升级；学习效应是企业通过在生产过程中不断学习先进技术，从而提升企业的价值创新能力，从而实现产业升级。冼海钧等（2010）指出，产业升级可以通过依托要素优势来培育优势产业。通过对产业链上的技术密集型、劳动密集型和资本密集型各个环节的比较分析，通过寻求该产业中具备优势的生产环节或部分产品实施专业化生产，实现规模收益递增和比较优势向竞争优势的演变。还有学者进行了更细化的研究，曾蓓认为，产业升级的形式至少包括以下几个方面的内容：①产品品种增加，以新产品开发为主；②流程升级，以工艺改进为主；③产品丰富化，以品种差异为主；④产品质量提升，以产品纵向差异为主；⑤以向更有产业吸引力的新产业链条升级；⑥以向产业链的高附加值环节延伸的功能升级等。

（3）宏观层面

从宏观的层面分析，产业升级就是当物力和人力资本相对于其他的资源禀赋更加充裕时，国家在资本密集型产业和技术密集型产业中发展比较优势（Porter，1985）。基于宏观视角探讨产业升级，既是研究社会整体产业层次结构变化，也是针对产业发展与产业分析方面积累的最丰富、最经典的研究成果。

很多学者从需求与供给两方面进行宏观产业升级的内在驱动研究。在需求因素研究方面，柯林·克拉克（1957）认为需求因素和效率因素会影响人均收入的增长，从而带来劳动力在产业间的配置。H. B. 钱纳里（1975）和塞尔奎在合著的《发展的型式：1950~1970》一书中，通过产业附加值和国民收入等因素剖析了产业升级过程。在供给因素研究方面，西方经济学者认为主要包括技术创新的扩散速度与技术创新的速度两方面因素。西蒙·库兹涅茨（1985）在分析社会产业结构调整的驱动因素方面，注重产业间相对收入水平的差异，即比较劳动生产率，具体来说包括技术水平、对外贸易结构和国内需求结构等变量。周振华（1995）指出，影响产业升级的因素是需求结构、企业的创新能力以及对资源的协调配置能力。芮明杰（2005）分析了从需求因素、供给因素和环境因素对产业结构变化的影响。其中，需求因素包括个人消费需求、中间需求和最终需求的比例、消费与积累的比例；供给因素包括技术供给状况、人力资源供给状况、资金供给状况、自然资源禀赋；环境因素包括产业政策等制度因素、经济发展状况、居民收入水平、消费文化特点和技术进步水平等。

2. 产业升级的模式

Humphrey 和 Schmitz（2002）将全球价值链大致分为四个环节：①产品研发、产品设计和技术培训等技术环节；②原材料采购、产品生产制造、零部件生产、质量检测和控制终端加工等生产制造环节；③批发及零售、销售后勤、广告及售后服务等营销环节；④品牌建设、运营与维护等品牌运作环节。全球价值链的主要利润流向微笑曲线的两边，即产品研发和自主品牌建设。

直到20世纪90年代末，才有学者在全球价值链的背景下分析了产业升级的问题。Gereffi较早分析了产业升级的层次，他把产业升级分为四个层次：①同类型的产品从简单到复杂的产品层次上升级；②不断提升的设计、生产和营销能力的经济活动层次上升级；③从最终环节的制造到更高价值产品和服务的生产部门内层次上升级；④从低价值、劳动密集型产业到资本和技术密集型的产业部门间层次上升级。在这个分类的基础上，Humphrey和Schmitz明确提出了一种以企业为中心、由低级到高级的四层次升级分类方法：①通过提升技术水平或改善生产系统以提高生产率的流程升级；②提升产品价值增值能力的产品升级；③从价值链上的低价值环节逐步转变到高附加值环节的功能升级，如从生产制造等环节转变到市场营销和品牌建设等环节；④从一条价值链转移到另一条价值创造能力更高的价值链的产业间升级。武卫强（2006）指出，产业升级的轨迹一般是沿这个层次依次进行升级，但是也有例外的情况，有的企业在升级的过程中可能会集合几种升级过程。如北汽福田汽车股份有限公司和产业链上下游企业在项目合作的过程中进行自主创新并与合作伙伴形成战略联盟，共同进行产品研发，并在品牌、信息、技术、渠道和服务方面实现资源共享，将升级贯穿于采购、研发、制造、分销、服务等有形价值链和人力资源、法律事务、公关传播等无形价值链的各个环节，最终实现了公司绩效的进一步改善。

3. 产业升级的路径

通过对服装市场的研究，Gereffi发现，东亚国家的成衣生产商在为美国的购买商生产的过程中，升级的轨迹是从贴牌生产（OEM），到自主设计（ODM），最后到自我品牌生产（OBM）。他认为在合作的最初阶段，生产商为购买商提供的产品主要是满足低端消费市场的需求，随着合作的深入以及生产商技术水平的提升，在后期的合作过程中，生产商为购买商提供的产品能够逐步满足多元化消费市场的需求。在生产商提供的产品越来越复杂的进化过程中，在其技术取得进步的同时也带来了生产商生产设备的升级，从而获得更高的生产效率。因此，Gereffi认为这一升级过程包括三方面的升级内容，即产品升级、过程升级和功能升级。

4. 汽车产业升级

部分学者对发展中国家的汽车产业升级进行了研究，得到的升级方式主要有技术创新、技术学习和政策的完善等。汽车产业在全球价值链的背景下的升级内容主要有以下几个方面：全球价值链下汽车企业的自主创新活动、技术学习活动、地方政府政策的制定以及其他相关制度的制定。国外部分学者对汽车产业升级进行了研究，Barnes（2000）、Lorentzen与Barnes（2004）利用南非汽车产业中汽车企业的案例研究分析了汽车价值链中的自主创新、技术学习与产业升级过程以及政治经济环境对产业升级的影响。通过这一研究，得到了一些有意思的结论。在特定的条件下，通过自身的努力，发展中国家的汽车企业能够实现本土化的创新。很长时间以来，人们普遍认为发达国家创造了全球价值链上的创新活动，这一研究却改变了人们以往的看法，发展中国家也可以通过建立完善的国家创新系统和鼓励汽车企业进行自主创新的相关制度因素来实现产业升级。与此同时，Palpacuer和Parisotto（2003）提出全球价值链中价值与进入壁垒之间成正比例关系，即价值越高的环节其进入壁垒越高。另外，有国外学者结合某一区域的具体情况对汽车产业升级进行了实证研究，Schmitz（2004）对巴西的汽车零部件产业进行了研究，研究内容包括汽车零部件企业融入全球价值链的动力机制、全球价值链的治理机制和汽车产业升级的过程等。另外，Jeffrey（2005）通过对墨西哥汽车产业的发展进行实证研究后发现，充分了解全球价值链的治理结构是政府制定有效的产业政策的前提条件。

段文娟（2006）提出基于GVC的我国汽车产业升级思路：一是整车制造企业可以为技术水平劣于本国的汽车企业提供产品设计与生产制造服务；二是有一定竞争能力的零部件企业争取成为国内外

汽车制造企业配套的一级供应商；三是一般零部件企业可以进入维修用零部件市场；四是汽车生产劣势企业可以从事汽车营销与销售或售后服务。杨东进（2008）认为虽然周煜等对 GVC 视角下中国汽车产业升级的路径进行了分类，并分析了我国汽车产业的嵌入 GVC 模式和自主 GVC 模式的升级情况，并且认为自主 GVC 模式更有优势，但是他们的侧重点在于企业微观方面的研究，对于中国汽车产业整体升级的系统性尚有待加强，因此可以进一步进行探索性的规范研究和实证研究，论证自主 GVC 模式是中国汽车产业升级的可靠路径。通过实证的方法，杨东进从片断化程度、低度化程度、自主权、干中学效果、创新能力与响应社会期望六个维度比较分析了自主 GVC 与嵌入 GVC 的绩效，最终认为自主 GVC 模式更具有优势，原因主要体现在三个方面：①自主品牌建设的实际绩效比嵌入 GVC 模式更有优势；②通过研究国内外的经验，自主 GVC 模式在产业发展上有成功的范例，而嵌入 GVC 模式是否成功，尚缺乏事实的证明；③汽车工业新技术、模块化的发展更有利于自主 GVC 模式的升级。

周煜（2008）认为国有汽车企业必须要创造条件实现产业升级，如克服核心刚性和主动学习来不断增强自主创新能力。汽车产业进入管制的放松和私人汽车消费市场的快速发展促进了自主创新模式的兴起，而 2004 版《汽车产业发展政策》及国家自主创新战略指明了自主创新模式的发展方向。自主创新汽车企业构建了一条价值量较低的低端用户全球价值链，而其为了控制价值链中的战略环节，采取了工艺流程、产品、功能和价值链的升级等多种方式来实现产业升级。丁志卿（2009）从三个层面提出了促进我国汽车产业升级的对策：一是企业层面，通过优化产业结构、提升自主创新能力来发展自主品牌；二是产业层面，创造良好的汽车产业集群发展外部环境，包括制度环境、文化环境和经济环境等；三是国家层面，积极建立国家级汽车产业创新体系。吴彦艳（2009）认为沿着全球价值链曲线，我国汽车产业升级路径有三种：一是基于市场扩张能力的升级；二是基于技术能力的升级；三是市场扩张能力和技术能力组合升级。李晓阳等（2010）从比较优势理论和企业能力理论出发考察产业升级，认为有两种路径：一是发挥比较优势，实行嵌入式产业升级路径；二是提升企业能力，实行内生型产业升级路径。两种升级路径都各有优点和缺点，结合我国汽车产业发展与升级的过程，笔者认为以提升企业能力为目标的内生拓展型产业升级路径是未来我国产业升级的最佳选择。

1.4.2 自主创新研究理论

1. 创新与自主创新

（1）自主创新国外研究现状

熊彼特（1912）第一个提出创新理论，他认为，经济增长的过程也就是技术创新的实现过程，技术创新与经济增长之间成正比例关系。他认为创新就是把一种从来没有使用过的生产条件与生产要素的新组合投入生产系统中建立一种新的生产函数，一般包括新产品、新技术、新材料、新市场和新组织五个方面，具体来说包括：①开发产品的新用途或推出一种全新的产品；②获得一种全新的生产过程中所需要的原料；③采取一种全新的企业组织形式；④在生产的过程中应用一种新的生产技术；⑤开辟一个新的市场。他认为企业要实现自身的增长和发展需要把上面所提到的这些方法运用到企业的生产管理中。索洛（S. C. Solow）（1951）全面地解释了创新理论，他深化了创新理论并提出了实现创新需要具备的两个基本条件：新的思想来源与对新思想的实践。在后期发展的过程中，熊彼特的创新理论有两条不同的发展路径：一条是以曼斯菲尔德、卡米恩为代表的技术创新路线；另一条是以舒尔茨、诺斯为代表的制度创新路线。他们提出经济发展中的一个重要的内生变量是制度，创新与制度变革有着利益相关的关系。20世纪90年代以后，学者慢慢地整合了这两条不同的发展路径，使得创新理论得到综合发展。Arrow（1962）提出经济增长的一种重要的内生因素就是技术进步。

Uzawa（1965）阐述了内生技术的变化情况。Grossman GM 等（1994）建立了一个基于自主创新的长期经济增长模型。自主创新是具有中国特色的名词，国外类似的概念有内生创新，这一概念与自主创新概念有共同之处，但又存在差异。国外部分学者对内生创新进行了研究，Krugman（1999）、Rainer A Francon（2005）认为，内生创新与模仿创新相比属于系统内自发的行为。德国曼海姆大学 Uwe 教授在研究经济增长时提出了模仿创新和内生创新。国外学者研究的另一个类似的概念是集成创新，韩国学者 J Lee（1988）提出了 U-A Utterback 模式对发展中国家的企业实践的指导作用很小，因为这个模式并不能揭露发展中国家技术创新的动态规律，Rothwell（1992）在基于对欧洲科学技术政策变化过程的研究时，延伸了创新系统和国家创新系统概念，提出了集成创新概念，这个概念把产业创新和科学创新整合在一起。Linsu Kim（1998）分析韩国企业的技术学习与创新机制时，提出了吸收能力、技术需求、技术供给与技术学习是企业进行技术追赶与自主创新的几个关键影响要素。相应的自主创新模式有三种：跟随追赶、跳跃追赶与创造新的技术道路。

对自主创新能力的研究基础是对技术创新能力的研究。国外部分学者对技术创新能力进行了研究，Larry（1981）从结构的角度提出企业技术创新能力的概念，认为企业技术创新能力是一种综合能力，包括组织能力、进化能力、创新能力和获取资源的能力。Burgelman 和 Madique（1988）提出企业技术创新能力是组织支持企业技术创新战略的一系列综合能力：包括分配可利用资源的能力、理解技术发展的能力、理解行业发展的能力以及战略管理能力。他们认为企业技术创新能力与企业技术创新战略密切相关，企业技术创新能力支撑了企业技术创新战略，与此同时，企业技术战略指导了企业技术创新能力的发展。Barton（1992）指出，掌握专业知识的人、技术系统、管理系统的能力以及企业的价值观是企业技术创新能力的核心。Seven Mulle 认为，企业技术创新能力是产品开发能力、改进生产技术的能力、组织能力与储备能力的综合。Adler 和

Shenbar（1990）提出了四种技术创新能力：一是通过发展新产品来满足市场需求的能力；二是通过应用相应的流程技术来生产产品的能力；三是通过发展和引入新的产品和新的生产过程来满足未来需求的能力；四是应对由竞争对手和未知环境所带来的没有遇见过的技术活动的能力。以上研究都是基于企业技术创新能力的视角。Prahalad Hamel（1990）从基于产品、技术平台的企业核心能力积累的角度探讨了企业技术创新能力。Dosi 等（1992）从企业技术竞争力的角度分析了企业技术核心能力。Meyer 和 Utterback（1993）提出企业核心技术能力是系统整合企业研究开发能力、生产制造能力和营销能力。Casseres（2000）用案例揭示了企业技术能力提升的途径，认为企业间的技术合作具有提升企业技术能力的作用。Guan 等（2003）提出技术创新能力是包括技术、产品、工艺、知识、组织与经验的一种特殊的资产或资源。Burgelman 等学者（2004）认为技术创新能力能够促进与支持企业技术创新战略。

（2）自主创新国内研究现状

关于自主创新概念的研究，陈劲（1994）是国内使用自主创新概念的第一人，他主要研究技术引进和自主创新的学习模式之间的关系，认为自主创新过程中的主导学习模式是在研究开发中的学习，只有通过研究与开发才能掌握技术的本质。谢燮正（1995）认为自主创新是以科技成果转化为基础的技术创新模式，自主创新是相对于技术引进的他技术创新，他技术指的是国外的技术。杨德林等（1997）认为依靠自身力量独自研究开发而进行技术创新的活动是企业的自主创新。

自主创新具有三个显著的特点：①领先开发关键技术；②自主突破核心技术；③率先开拓新市场。傅家骥（1998）认为自主创新是企业通过自身努力或联合攻关探索突破性的技术，并以此为基础推动创新的后续环节，完成技术的商品化和获得商业利润，并实现预期目标的一种创新活动。关于自主创新的类型研究，万君康（2000）认为决策实体的经济科技能力及战略目标的价值取向决定了产业技术战略模式，产业技术发展战略分为自主创新型、技术引进型、技术引进与自主创新结合型三种模式。程源和雷家骕（2005）提出技术战略分为领先创新战略、跟随创新战略与模仿创新战略三类。温瑞珺（2005）提出自主创新是激进的自主创新，通过融合原有技术或建立新的技术平台和根本的自主创新，即通过自己的研究，发明全新的技术，由此开发出全新的或新一代的产品。

中央提出自主创新战略后，给出的自主创新包括三类：①加强原始创新，努力获得更多的科学发现和技术发明；②加强集成创新，通过汇集融合各种相关技术成果，形成具有市场竞争力的产品和产业；③在广泛吸收全球科学成果、积极引进国外先进技术的基础上，充分消化吸收和再创新。刘凤朝（2005）提出自主创新是创新主体依靠自己或主要依靠自己的力量实现科技突破，进而促进经济社会发展，保障国家安全的活动。周寄中（2005）认为自主创新是提高科技原始性创新能力、集成创新能力和引进消化吸收能力，因而是拥有自主知识产权提高国家竞争力的一种创新活动。其主要内容有：①使制度、机制和资源配置更有利于原始性创新，使之涌现出更多的科学发现和技术发明；②加强集成创新，使相关科技成果能进行有机融合，并形成具有市场竞争力的产品和产业；③在引进消化吸收国外先进技术的基础上进行二次创新。

在2003年，中央政府主持国家中长期科技发展规划，约两千名各领域的专家在充分讨论后提出了"以科技的自主创新作为一个科技发展的指导方针""必须把科技的自主创新和产业的调整优化升级结合起来"的观点，这些观点得到了政府的认可，标志着"自主创新"这一概念的战略定位（高梁，2007）。在2005年召开的中国共产党十六届五中全会通过的《中共中央关于制定国民经济和社会发展第十一个五年规划的建议》中提出，"必须提高自主创新能力，把增强自主创新能力作为科学技术发展的战略基点和调整产业结构、转变增长方式的中心环节，自主创新提升产业技术水平""发展先进制造业关键是全面增强自主创新能力，形成自主创新的基本体制架构"。《中共中央关于制定国民经济和社会发展第十一个五年规划的建议》同时提出了自主创新包括原始创新能力、集成创新能力和引进消化吸收再创新能力（宋养琰，2006）。原始创新的特点是自主研究、自己设计、自行开拓、自成体系，并在此基础上努力争取获得更多的科学发现和技术发明。它的优点是可以享受专利，并受法律保护；原始创新有利于开拓新兴产业及其市场。原始创新的缺点是投资大、风险大、时间长。集成创新的特点是：把已经掌握的科技资源，包括自创技术或他创技术，集成起来，通过兼容并蓄、融会贯通、放大效应，再创一个或多个新的科学和技术或新的产业和产品。引进消化吸收再创新的特点是：在引进国外技术的基础上，经研究、消化和吸收，再创造出新的产品和技术。它的优点是投资小、风险少、见效快；缺点是对企业要求高。宋河发（2006）认为，自主创新是创新主体通过主动努力获取主导性创新产权，并获取主要创新收益而进行的能形成长期竞争优势的创新活动。

我国不少学者对自主创新能力进行了研究，对自主创新能力的研究基于技术创新能力的研究。关于技术创新的研究者有魏江等（1998），他们认为研究开发能力、制造能力、市场营销能力、组织能力和资金投入能力共同组成了技术创新能力。另外，许庆瑞（2000）认为技术创新能力不是一种单功能的能力，需要配合研究与发展能力、营销能力、工程转化能力等多种能力。此外，有学者对自主创新的过程进行了研究。刘凤朝等（2005）认为自主创新是一个从研究开发，到生产制造，再到市场实现的价值创造过程。创新主体必须具备自主创新能力，那就是在研究开发、产业化应用和市场运作3个关键环节具有竞争优势。根据层次不同，可以把自主创新能力分为国家自主创新能力和企业自主创新能力。国家自主创新能力是依靠自身的力量实现科技突破，从而促进经济发展，保障国家安全，并对全球科技发展产生重大影响。企业自主创新能力是企业通过有效整合与运用企业内部和外部资源，实现产业关键技术的重大突破，并培育自主品牌，从而掌握或影响价值分配过程的基本素质。温瑞珺（2005）认为企业自主创新能力包括研发能力、生产制造能力、价值实现能力和自我管理能力。它是企业在市场竞争中，通过有效运用企业内部和外部的各种创新资源，建立新的技术平台或改变核心技术，并获取自主知识产权，使企业能不断增强其核心竞争力，从而保持其竞争优势，在技术创新过程中所表现出来的各种能力的有机综合。

关于自主创新能力的评价体系，2005年11月国家统计局中国经济景气监测中心发布的《中国企业自主创新能力分析报告》提出了迄今为止最全面的指标体系。企业自主创新能力的评价指标体系共包括四个一级指标：①潜在技术创新资源指标，包括企业工程技术人员数量、企业产品销售收入、企业工业增加值等；②技术创新活动评价指标，包括科技活动经费占产品销售收入的比重、研究与试验发展活动经费投入占产品销售收入的比重等；③技术创新产出能力指标，包括申请专利数量占全国专利申请量的比例、拥有发明专利数量占全国拥有发明专利量的比重、新产品销售收入占产品销售收入的比重等；④技术创新环境指标，包括财政资金在科技活动经费筹集额中的比重、金融机构贷款在科技活动经费筹集额中的比重等。

2. 分布式创新

国内外部分学者对分布式创新进行了研究。关于分布式创新的概念，Cummings认为分布式创新是通过分布在不同地理位置的员工成功进行任务或程序的创新。Sullivan认为分布式创新是贯穿于组织供应链中，甚至是特定联盟内的一个特殊内部互联网络上的创新。Kelly认为分布式创新意味着全球化。Commbs等提出企业为了快速寻找商机，与其他公司合作创新，并从中学习，交换知识，这种组织间的合作创新就是分布式创新。杜伦大学商学院Bowden认为分布式创新是一种全新的产品或服务开发模式，是由一系列相关的创新过程所组成的创新，在这种分布式的组织模式中，通过共享组织内部与外部的知识和资源创造出优质的产品和服务。

剑桥技术管理中心的 Fraser 等从 2004 年开始从事了一项题为"快速分布创新"的课题研究，其主要目的是探索分布式创新的主要特征和影响分布式创新进程的主要因素，特别是在分布式创新网络条件下如何加速和优化新产品大量上市的时间，以及研究如何最大限度地利用分布式创新所提供的服务机会。美国西北大学凯洛格商学院 Sawhney 和 Prandelli 教授认为在网络经济的商业背景下，公司不是孤岛，不能独自产生管理知识，需要与他们的合作伙伴和客户合作以创造知识，而分布式创新正好能够使公司从合作伙伴和客户那里获得创造力和知识。关于分布式创新的特征，高小芹和刘国新（2009）认为是企业和具有合作关系的上下游企业之间在资源共享的基础上，在不同地域，依靠共同的网络平台进行的创新活动。这种分布式创新与集中式创新活动相比，分布式创新的组织构架、运行机制和模式、动力源泉以及产生的效应具有明显的差异性，具有不同地域性、协同性、同时性、合作性和资源共享的特征，它既是企业内部创新活动的分布式组织，又是企业外部（企业之间）创新活动的分布式合作。

3. 开放式创新

Rigby 和 Zook（2002）分析了开放式创新的优势和风险，认为开放式创新具有四个优势：新创意能够给创新带来更多的基本要素；输出创意能够增加收益和保持创造才能；为公司提供了衡量创新真正价值的方法；引入和输出创意可以帮助公司明确其优势所在。在风险方面，开放式创新需要耗费较多的时间，且在经历了知识转移的过程后购买者可能无法获得原创新的全部价值。Chesbrough（2003）明确给出了开放式创新的概念，认为在开放式创新中，企业应该并且能够利用外部和内部两方面的创意，并使之市场化。他认为企业成功的关键因素在于能够综合运用企业内部和外部的各种资源，对产品和服务进行创新。国内学者对开放式创新的研究基本上处于理论介绍阶段。后锐和张毕西等（2006）提出了一些对中国企业引导性的建议。

于开乐（2008）研究开放式创新的机制，认为可以按照"外部创意转化为创新的程度"和"外部创意转化为持续创新能力的可能性"两个维度，分析开放式创新的四种典型机制，即完全复制、逆向工程、合资—战略联盟以及并购。外部创意转化为创新的程度，是描述"企业在接触到外部某项创意时，在最优条件下，能在多大的程度上可以因此而产生创新"。这一维度主要是针对单一创意而言的，强调了引进创意的转化"力度"，是即期的、相对静态的衡量维度。外部创意转化为持续创新能力的可能性，是描述"企业在接触到外部某项创意或创新源时，在最优条件下，有多大的可能由此产生持续性的创新能力"，强调了持续性的观点，即引进创意的转化"深度"，是长期的、相对动态的衡量维度。

完全复制，是指企业把所接触到的外部创意完全直接引入内部实践中，通过复制外部创意来促进企业自身的创新。作为开放式创新中比较直接和初级的形式，完全复制在一定程度上有利于企业较快地将外部创意转化为企业内部的创新，但对企业发展持续性创新能力的作用较为有限。

逆向工程，这一概念来自工程学，是指从实物样件获取产品数学模型，进而开发出同类的先进产品的技术（金涛、陈建良、童水光，2002）。它不但是对现有产品的改造和超越，而且较大地提高了产品设计的一次成功率，从而缩短周期、降低成本、减少风险和提高质量。研究者认为，逆向工程是企业知识积累的过程，企业在扩大内部知识积累和技术能力的同时，可以更有效地利用外部的知识和技术（Cohen，1990）。在发展创新能力的初始阶段，逆向工程可以起到较为明显的作用。它在较大程度上实现了外部创意向企业创新的转变，但对于企业借此发展持续性的创新能力则作用有限。

合资—战略联盟，包括合资、战略技术联盟（Gary，Prahalad，Doz，Hamel，1989）、研发的协议安排（Fusfeld，Herbert，Carmela，1985）等形式。基于合资的开放式创新主要是指通过与行业领先企业或技术互补的企业合资，借此实现将外部创意转化为企业创新。

这一方式在中国的实践中，对于企业实现自主创新的作用存在较大的争论。有研究者认为合资不会导致技术扩散和能力成长（路风、封凯栋，2005）。

并购，研究者认为，企业可以通过并购获得外部知识来增加自身的知识（Levinthal，1989；Huber，1991），即并购可以促进企业创新。也有研究者强调并购是实现技术发展创新的重要手段，即并购的首要动因是快速获得企业创新所需的新技术（Wysocki，1997；Link 1988；Chaudhuri，1999；Karim，2000；Hagedoorn，2002）。Katila 和 Ahuja（2001）研究了面向技术的并购和非面向技术的并购。面向技术的并购，有可能扩大企业的知识积累（Henderson，1996；Fleming，1999），与被并购方知识积累程度的绝对值（Henderson，1990；Tushman，1992；Kogut，1992；Utterback，1994；Henderson，1996；Fleming，1999）和并购双方原知识积累的相关度有关（Lubatkin，1983；Lane，1998）。研究结果显示，并购对企业并购后创新表现的影响与被并购方知识积累程度的绝对值成正比，与并购双方原知识积累的相关度成反比，而对于非面向技术的并购则表现不显著（Ahuja，2001）。基于并购的开放式创新具有外部创意转化为创新的程度较高和外部创意转化为持续创新能力的可能性较高的"双高"特点。

基于并购的开放式创新对于提升企业的自主创新能力有积极的影响，而基于并购的开放式创新活动能够取得成功的前提条件体现在以下两个方面：①被并购方知识积累大于并购方或与并购方原有的知识积累成互补关系；②并购方有能力整合来自被并购方的创意，使外部创意内化为以开发新产品为表征的内生创新力量。而检验的外部标准在于并购方是否通过并购控制并发展了之前自身所不具有的知识。

4. 反向创新

反向创新的概念雏形源自创新回流，即 John Hagel Ⅲ 和 John Seely Brown（2005）发表于麦肯锡季刊上的一篇名为《创新的后坐力来自亚洲的破坏性管理实践》的文章，文中指出发展中国家将是创新潜力最高的地方，全球公司需要在未满足的消费者需求中寻求解决方案，而且边缘能力将成为公司的核心竞争力。C. K. Prahalad 认为资源匮乏的发展中国家在五个方面领先富裕国家，即负担能力、跨越性技术、服务生态系统、鲁棒系统和添加应用，这些对于反向创新来说是很稀缺的催化剂。Vijay Govindarajan（2009）认为反向创新是首先在发展中国家采用的任何创新，公司在印度、中国这样的国家设计产品，然后分布到全球范围。ET Bureau（2010）认为反向创新是针对金字塔底部的消费者而进行的创新，这些产品不是为低端市场提供的低级版本。Wikipedia（2011）认为反向创新或逆流创新是在传播到工业化国家之前首先在发展中国家看见或使用的一种创新。

  John Hagel（2010）提出了反向创新的三阶段发展历程，即早期创新阶段、全球化阶段、反向创新阶段。Vijay Govindarajan（2010）以分析美国公司发展为基础提出反向创新的五阶段发展历程，即全球化市场阶段（20 世纪 50~60 年代）、全球化资源阶段（20 世纪 70~80 年代）、全球化阶段（20 世纪 90 年代至 2005 年）、反向创新（2005 年至今）、将反向创新推向全球市场阶段（2005 年至今）。刘宇（2011）认为通用电气的反向创新模式主要体现在充分授权当地增长团队、从零基础开始创新产品、对当地增长团队进行全新组织设计、通过市场调研制定指标和高层组织的强有力支持五个方面。

5. 汽车产业自主创新

  我国汽车产业在自主创新的过程中存在许多问题，路风（2004）认为中国汽车企业在合资二十年后却没有产品开发能力的主要原因是多数中国国有汽车公司在通过合资汽车企业引进研发技术的同时放弃了自主研发的努力，而合资汽车企业由于外国母公司的利益和技术控制权而很难进行产品开发。刘国新（2006）提出轿车企业的自主创新能力建设存在以下几个方面的问题：一是轿车生产企业主体地位不高，研发投入不够；二是轿车企业专利意识不强，专利质量不高；三是轿车生产企业产业集中度低，且存在着严重的产品库存问题；四是企业技术装备落后，影响产品质量和资源利用率；五是信息化程度低，现代化设计和生产制造手段普及率低。郑书伟（2009）认为我国汽车产业自主创新的问题主要表现在：汽车整车企业发明的专利较少；汽车关键零部件的自主研发水平落后；研发经费短缺等。

　　许多学者也提出了推进我国汽车自主创新建设的建议。朱华荣（2006）对中国汽车产业自主创新能力建设的建议有：加强中国汽车企业间的多种联合，共建采购平台，共同开发产品，共享知识平台等；提倡购买自主品牌产品；营造支持自主创新的社会氛围。杨沿平（2006）提出的加快培育自主创新能力的政策与措施有：加强汽车技术与产业发展战略研究；构建汽车产业自主创新体系和汽车行业公共技术平台；制定有利于企业自主创新的绩效考核标准和科技成果评价机制。董本云（2007）提出我国自主品牌轿车企业技术创新的对策有：开展全价值链的自主创新；技术赶超应兼顾先进性和经济性；要有产品技术标准的战略规划；渐进性创新与根本性创新相结合；避免只关注重大创新项目的现象，加快生产过程的创新步伐。郑书伟（2009）提出的推进汽车产业自主创新建设的政策建议有：培养汽车自主创新意识；加大政策扶持力度，增加研发投入；注重自主研发过程中的消化吸收、坚持为我所用的原则。

1.4.3　动态能力理论

1. 动态能力理论的内涵

　　Teece 等（1997）认为动态能力是企业通过整合、建构和重新配置企业内外部的能力来适应急剧变化的环境的能力。因此，动态能力反映了企业通过动态环境的适应性调整来保持竞争优势的能力；即动态能力是企业对原有能力的适应性调整。这一概念强调了两个方面：一是动态，即企业是为了与不断变化的市场环境相适应所应具备的自我更新能力；二是能力，即整合企业内外部技术资源，以适应环境变化所需要的能力。所以可以认为动态能力是企业在原有能力基础上的进化，其最重要的特点是适应急剧变化的环境。

Eisenhardt 和 Martin（2000）指出动态能力是企业通过整合资源来应对或带来环境的变化，认为动态能力是结构性和持续性的组织活动，包括产品开发、市场拓展、收购整合、策略性联盟等具体可识别的组织流程。Dosi（2000）提出动态能力是企业更新原有能力的能力，企业通过识别市场机会、合理配置企业资源，从而提升企业的市场价值。动态能力包括学习能力和解决问题的能力，特别是发现新问题、解决新问题的能力，是企业积累相关新知识和技能的能力。

关于动态能力的构成，Winter（2002）提出动态能力是由经验积累、知识表述和知识编码这三种学习机制共同演化而成的。经验积累是通过重复活动来积累有效经验；知识表述是将积累的经验用清晰的语言表达出来，升华为规范化的知识性资源；知识编码是将显性知识转化为可重复的、稳定的操作程序。通过这三种学习机制的共同作用，企业就可以对现有的操作性惯例进行系统性改进，从而始终保持操作性惯例的适应性。这种持续更新惯例的能力就是动态能力。

董俊武等（2004）提出动态能力可以使企业保持相对长期的竞争优势，而知识是动态能力的基础。动态能力集合了企业所有的知识，当环境发生动态变化时，企业通过改变知识结构来改变其动态能力。因此，可以认为企业改变动态能力的过程就是企业追寻新知识的过程。Cepeda 和 Vera（2007）把组织能力区分为运营操作能力和动态能力，运营操作能力是执行日常职能性的活动的能力，是企业赖以生存的能力；动态能力是通过调整运营能力来适应环境动态变化的能力。郭立新（2008）认为企业动态能力是由知识、过程和资源等各种要素所构成的复杂开放性系统，构成这一复杂系统的基础是诸多的微观因素，所以，动态能力的进化过程必然受到这些微观因素的影响，这些微观因素的主要组成部分是知识和资源，这些知识和资源蕴含在企业的文化、操作性惯例和配置资源的方式中。

2. 动态能力理论的发展

由于资源观具有静态性的特点,许多学者对此进行了新的探索研究,最有代表性的研究是 Teece 等(1997)所提出的动态能力(dynamic capabilities)观点。他们认为动态能力是建立在难以复制的和差异化的竞争优势的基础上,具体包含了过程、位势和路径三个维度。

(1)过程(organizational and managerial processes),这里的过程主要是指企业的组织和管理过程,即企业内处理事情的方式、惯例、当前实践和学习的模式。

(2)位势(position),即企业目前所拥有的技术与智力产权方面的禀赋、客户资源、与供应链上下游的关系等。

(3)路径(paths),即有利于企业战略选择的机会,其中,过程和位势两个维度代表能力的胜任度。

Teece 等(1997)强调管理者应不断地更新企业的能力结构和资源结构,管理者应能根据企业的具体情况识别自己所具有的独特能力,以决定进入何种经营领域以及进入的时机,管理者还应关注企业的内部流程,把企业的战略核心放在提升能力和开发技术上,以确定企业综合能力的发展方向。

有些学者认为动态能力是一种流程,Eisenhardt 和 Martin(2000)把独特的流程作为动态能力,这种独特的流程是由可鉴别的且特定的惯例所组成的,动态能力具有整合资源的功能。Heltfat 和 Raubitschek(2000)认为通过这一流程,管理者可以组合不同的技能,以产出的产品和服务来为企业创造利润,如丰田公司就是利用其产品开发技能而获得竞争优势的。董俊武等(2004)认为把独特的流程作为动态能力有几个意义:①指出了动态能力是一种学习机制,组织学习将引导动态能力的进化;②有利于经验研究;③认为动态能力是整合企业在生产制造过程中的各种资源的能力;④突出了管理者在获取动态能力过程中的作用。

3. 产业集群动态能力理论

通过对现有文献进行研究可以发现，部分学者在研究动态能力时是把企业作为研究对象的，也有部分学者将研究对象扩大到产业网络和集群层面。而地方产业网络和集群经济的强弱也已经成为地方经济竞争力的重要来源。因此，为了更好地研究经济，需要将动态能力的研究范围扩大到产业网络和集群层面。

国内学者耿帅（2003）与梁运文（2006）分别从动态能力的角度分析了集群持续竞争的优势和"大"动态能力观。耿帅（2003）以市场、技术、学习和网络为基础构建了集群动态能力模型，认为市场能力是保证集群具有服务特定客户群体的能力，由与市场相关的资源所构成，如顾客需求信息、客户购买偏好、客户购买过程、营销渠道特点和品牌价值等。技术能力是集群内产品设计知识、生产过程知识、生产制造知识、工程设计知识和质量管理知识的集成，是集群完成从概念、设计、制造到最终实体产品的过程。学习能力分为内部学习和外部学习两种，内部学习是指集群内企业在互相沟通的过程中，技术人员在内部合理流动的过程中，通过生产实践学习的过程中所带来的集群内知识储量的上升。网络能力是集群内企业间的合作关系，以及与科研院所和金融机构等服务机构之间的合作关系。集群的竞争力取决于对动态能力这四个组成部分的整合。

梁运文（2006）从全球化竞争角度出发，提出了企业生态群落的"大"动态能力战略观。其"大"动态能力包括政府动态能力、企业动态能力、金融制度动态能力和教育制度动态能力。除了企业动态能力外，其他能力指的是：①政府动态能力。包括三类，一是基于规则的能力，即政府通过市场竞争机制和事前规则支持民间组织创造与分配租金的能力；二是基于权威的能力，即政府利用统治权与自己偏好创造租金的能力；三是基于关系的能力，即政府通过相关性政策，促进民间组织发展的协调功能。②金融制度能力。从金融制度演进过程中适应效率差异，可分为金融制度适应能力、金融制度主动能力和金融制度先导能力。③教育制度能力。体现在生产、传播和创造新知识与技能的能力；形成、积累和升级人力资源的能力；创造和扩大"产研"联合效应的能力。"大"动态能力以企业能力动态演化的影响因素为基础，把影响因素的范围扩大到企业生存的系统之中，认为决定竞争优势可持续性的动力不仅仅局限于企业内部，政府、金融制度、社会教育制度等都是企业能力演化过程中不可或缺的驱动因素。

1.4.4 全球价值链理论

1. 全球价值链的提出

Porter（1985）在《竞争优势》中第一个提出了价值链的概念，认为公司的价值创造过程主要通过生产、营销、运输和售后服务等基本活动和原材料供应、技术、人力资源和财务等支持性活动两部分来完成。他认为在公司价值创造过程中这些相互联系的活动构成公司价值创造的行为链条，即价值链。在后续的关于竞争优势的研究中，Porter突破了企业的界限，把视角扩展到不同企业之间的经济交往，并提出价值体系的概念，这正是全球价值链概念的基础。Kogut（1985）在《设计全球战略：比较与竞争的增值链》中运用价值增值链分析国际战略优势。他认为国家或地区间的资源有效配置的程度决定了国际比较优势在整个价值链上的状况，而企业为充分发挥和确保自身竞争优势而选择的环节决定了企业竞争能力在价值链上的体现。因此，可以看出，Porter的价值链观点是强调单个企业的竞争优势，相比而言，Kogut的观点把价值链的概念从企业层次扩展到了国家层次，反映了价值链的垂直分离和全球空间再配置之间的关系，因而对全球价值链理论起到了非常重要的作用。Dewatripont（1995）探讨了企业把内部各个价值环节在不同地理空间进行配置的能力，认为国家贸易的一个重要方面是生产者突破地域限制实现价值增值。Dewatripont的研究实际上已经融合了企业间价值链和国家间价值链，他已经提出了全球价值链的内涵，但却没有使用全球价值链这一概念。直到20世纪90年代，Gereffi等人提出了研究包括不同价值增值部分的全球商品链的内部结构关系的全球商品链理念，并分析了发达国家的主导企业的形成与控制商品链的问题。Gereffi（2001）等在《IDS Bulletin》杂志上推出了一期关于全球价值链的特刊——《价值链的价值》，从价值链的角度分析了全球化过程，认为应把商品和服务贸易看成治理体系，而理解价值链的运作对于发展中国家的企业和政策制定者具有非常重要的意义，因为价值链的形成过程也是企业不断参与价值链并获得必要技术能力和服务支持的过程。

2. 全球价值链理论的演进

国外学者从过程的角度研究了全球价值链，Yeats 提出全球价值链是国际化的生产过程，在此过程中有一些国家中的企业分别参与到某一特定商品的不同生产阶段。Kapzlinsky 和 Morris（2002）提出全球价值链是生产经营活动的各项行为，涉及从概念到产品的完整过程，包括产品的研发设计、生产加工制造、财务管理、品牌管理、市场营销和售后服务等。联合国工业发展组织 UNIDO 在《2002—2003 年度工业发展报告——通过创新和学习来参与竞争》中指出，全球价值链是在全球范围内实现商品或服务价值而连接生产、销售和回收处理等过程的全球性跨企业网络组织，涉及从原料采购和运输、半成品和成品生产及分销，直至最终消费和回收处理的整个过程。英国萨塞克斯大学研究所认为，全球价值链是产品在全球范围内，对产品的设计、生产、营销、分销以及对最终用户的支持与服务等从概念设计到使用直到报废的全生命周期中所有价值创造活动。

国内学者也对全球价值链进行了诸多的研究，段文娟（2006）把价值链分析框架直接应用到全球经济或产业组织中，认为全球价值链是价值链中的产品设计与开发、生产制造、营销销售、消费与回收等环节的一系列活动在全球范围内的分工与协作。全球价值链的分析视角从单个企业转移到一群在全球范围内相互联系的企业，既包括纵向的上下游企业间的联系，也包括横向同类企业间的合作竞争。它强调价值链中各企业间的动态联系，将价值链中各企业整合于一个动态系统中,便于各企业在价值链中适时寻找自己的比较优势(体现在机会成本)所在,尽快合理定位,从而获得相应的"租"。吴彦艳、赵国杰(2009)提出全球价值链包括研发设计、生产、物流、市场营销和售后服务等各个经济环节,它表示在技术、管理、资本、劳动力、自然资源和产品等要素组成的全球经济系统中,诸多相关企业共同完成一种产品或在国际分工中只从事同一产品某些环节的生产,从而建立的一系列利益纽带的联系。

3. 汽车行业价值链

汽车产业属于生产者驱动价值链,即由汽车生产企业投资来拉动汽车市场需求。在生产者驱动的价值链中,生产企业是核心组织,它与上游的经销商保持密切合作,同时也与下游的供应商关系和谐。汽车产业价值链的高价值环节集中在研究开发、设计、品牌等非生产性环节,相比而言生产制造是价值较低的环节。对于跨国汽车公司的价值链的特点,张辉(2006)认为在汽车行业,福特汽车公司在不断朝着购买者驱动的价值链转化,但是丰田汽车公司等其他主要汽车公司仍然坚持采用生产者驱动的价值链。为了在激烈的市场竞争中获取优势,企业只有不断创新产品和服务,对于汽车产品中的标准件可以通过全球采购来完成。为了获取协同效应,技术含量高的关键零部件出现集聚式发展的现象。这意味着市场营销、研发、品牌建设等非生产性环节在全球价值链中的地位日益重要,存在生产者驱动的价值链逐渐被购买者驱动的价值链替代的趋势。近十几年来,全球汽车市场需求增长速度呈现下滑趋势,而与此同时消费者需求也越来越个性化。因此,基于竞争的压力,产品更新快且创新周期变得越来越短。周煜(2008)提出在成本的压力下,跨国汽车公司把资源集中在研发、市场营销和品牌建设等高附加值环节,而把附加值相对较低的零部件企业从组织内分离出去。

1.4.5 简要评析

通过对现有汽车产业升级理论,特别是汽车产业升级理论的现有研究进行梳理后发现，现有的研究者（段文娟，2006；周煜，2008；李晓阳等，2010）大部分都是从微观层面，即对汽车企业升级进行了研究，但是这些研究者都是进行定性研究，定量分析略显不足，并且仅从微观层面分析汽车产业升级不够全面。仅丁志卿（2009）所提出的升级路径中涉及企业、产业和国家三个层面，但是缺乏深入的分析。因此，需要从多个层面对汽车产业进行系统分析，并进行适当的定量分析。通过对现有的自主创新理论特别是汽车产业自主创新现有的研究进行梳理后，发现对我国汽车企业的升级研究大都是从提升汽车企业自主创新能力方面提出建议（刘国新，2006；杨尚平，2006；董本云，2007），但是对于一个产业的升级，仅从企业层面寻找原因是远远不够的，还需要从微观、中观和宏观多角度进行系统思考。现有的动态能力研究中，对于企业核心动态能力的分析和构建很少，特别是对于汽车企业核心动态能力的构建则更是缺乏。已有部分学者（张辉，2006；周煜，2008）对于汽车产业全球价值链进行了分析，但是对于汽车产业全球价值链的构成以及汽车产业全球价值链上各主要环节分别如何提升价值量的研究还显得不足。

因此，需要从微观、中观和宏观三个层面系统地分析我国汽车产业升级，从微观层面，需要研究汽车企业核心动态能力，并适当采取定量分析的方法来加深研究的深度；从中观层面适当结合案例分析来进行研究；从宏观层面可以从制度演化的视角来进行分析。

1.5 本章小结

本章为研究的引言部分，介绍了研究的背景、意义、目标、内容、方法和路线以及文献综述。其中文献综述是理论基础部分，综述了汽车产业升级概念、模式、路径以及汽车产业升级的相关理论；综述了自主创新能力理论、分布式创新理论、开放式创新理论、反向创新理论和汽车自主创新理论等自主创新理论；从动态能力理论的内涵、发展历程、集群动态能力等方面对动态能力理论进行了综述，然后从全球价值链理论的背景、概念和汽车产业全球价值链等方面对全球价值链理论进行了综述。最后，针对上述理论研究进行述评，认为对于汽车产业升级缺乏系统角度的分析，对于汽车产业升级的微观部分较少采用数理分析，对于企业核心动态能力的分析和构建很少，特别是对于汽车企业核心动态能力的构建则更是缺乏。

参考文献：

[1] Porter, M. The Competitive of Nations: Cluster and the New Economics of Competition [J]. Harvard Business Review, 1990 (5): 77 - 90.

[2] Pietrobelli C, Rabellotti R. Upgrading in Cluster and Value Chains in Latin American: the Role of Policies [R]. Washington D C: Inter-American Development Bank, 2004.

[3] Poon T S. Beyond the Global Production Networks: A Case of further Upgrading of Taiwan's Information Technology Industry [J]. Technology and Globalisation, 2004, 24 (3): 232 - 251.

[4] 周振华. 现代经济增长中的结构效应 [M]. 上海：上海人民出版社，1992.

[5] Gereffi G. International Trade and Industrial Upgrading in the Apparel Commodity Chain [J]. Journal of International Economics, 1999, 48 (1): 37 - 70.

[6] Humphrey J, Schmitz H. How does Insertion in Global Value Chains Affect Upgrading in Industrial Clusters? [J]. Regional Studies, 2002, 36 (9): 1017 - 1028.

[7] 张向阳，朱有为. 基于全球价值链视角的产业升级研究 [J]. 外国经济管理，2005 (5): 21 - 27.

[8] 曾蓓. 企业产业升级的组织动力源及路径 [J]. 生产力研究，2010 (8): 216 - 218.

[9] 冼海钧，陈文慧. 基于产业链分工视角的中国与东盟国家的产业升级[J].

南方金融, 2010 (10): 40 – 43.

[10] Porter M. Competitive Advantage: Creating and Sustaining Superior Performance [M]. New York: The Free Press, 1985.

[11] 柯林·克拉克. 经济进步的条件 [M]. 北京: 商务印书馆, 1957.

[12] H·钱钠里, M·塞奎: 发展的型式 1950 ~ 1970 [M]. 北京: 商务印书馆, 1975.

[13] 西蒙·库兹涅茨. 各国的经济增长 [M]. 北京: 商务印书馆, 1985: 210 – 211.

[14] 芮明杰. 产业经济学 [M]. 上海: 上海财经大学出版社, 2005: 1 – 12.

[15] Humphrey J, Schmitz H. Developing Country Firms in the World Economy: Governance and Upgrading in Global Value Chains [R]. INEF Report, University of Duisburg, 2002.

[16] Humphrey J, Schmitz H. Governance in Global Value Chains [J]. IDS Bulletin, 2001, 32 (3): 19 – 29.

[17] Barnes J. Changing Lanes: the Political Economy of the South African Automotive Value Chain [J]. Development Southern Africa, 2000, 17 (3): 401 – 415.

[18] Lorentzen J, Barnes J. Learning, Upgrading, and Innovation in the South African Automotive Industry [J]. The European Journal of Development Research, 2004, 16 (3): 465 – 498.

[19] Palpacuer F, Parisotto A. Global Production and Local Jobs: Can Global Enterprise Networks be used as Levers for Local Development? [J]. Global Networks, 2003, 3 (2): 97 – 120.

[20] Schmitz H. Local Enterprises in the Global Economy: Issues of Governance and Upgrading [M]. Cheltenham: Edward Elgar, 2004.

[21] Jeffrey S R. Economic Development Policymaking down the Global Commodity Chain: Attracting an Auto Industry to Silao, Mexico [J]. Social Forces, 2005, 84 (1): 50 – 52.

[22] 段文娟, 聂鸣, 张雄. 全球价值链视角下的中国汽车产业升级研究 [J]. 科技管理研究, 2006 (2): 35 – 38.

[23] 杨东进. 嵌入全球价值链模式与自主全球价值链模式的绩效比较分析

[J]. 经济经纬, 2008 (3): 34-37.

[24] 周煜, 聂鸣, 张辉. 全球价值链下中国汽车企业发展模式研究 [J]. 研究与发展管理, 2008 (8): 1-7.

[25] 丁志卿, 吴彦艳. 我国汽车产业升级的路径选择与对策建议——基于全球价值链的研究视角 [J]. 社会科学辑刊, 2009 (1): 104-107.

[26] 吴彦艳, 赵国杰. 基于全球价值链的我国汽车产业升级路径与对策研究 [J]. 现代管理科学, 2009 (2): 85-87.

[27] 李晓阳, 吴彦艳, 王雅林. 基于比较优势和企业能力理论视角的产业升级路径选择研究——以我国汽车产业为例 [J]. 北京交通大学学报（社会科学版）, 2010 (4): 23-27.

[28] Arrow K J. The Economic Implications of Learning by Doing [J]. Reviews of Economic Studies, 1962 (29): 155-173.

[29] Uzawa, Hirofumi. Optimum Technical Change in an Aggregative Model of Economic Growth [J]. International Economic Review, 1965 (6): 18-31.

[30] Grossman G M, Helpman E. Endogenous Innovation in the Theory of Growth [J]. Journal of Economic Perspectives, 1994, 8 (1): 23-44.

[31] Rainer Anderdassen, Franco Nardini, Endogenous Innovation Waves and Economic Growth [J]. Structural Change and Economic Dynamics, 2005 (3): 1-18.

[32] Rothwell. Successful Industrial Innovation: Critical Factors for the 1900s [J]. R&D Management, 1992, 22 (3): 221-239.

[33] 金麟洙. 从模仿到创新: 韩国技术学习的能力 [M]. 北京: 新华出版社, 1998.

[34] Adler P S. Shenbar A. Adapting Your Technological Base: The Organizational Challenge [J]. Sloan Management Review, 1990 (25): 25-37.

[35] Guan J. Innovative Capability and Export Performance of Chinese Firms [J]. Technovation, 2003 (9): 737-747.

[36] Burgelman R. Strategic Management of Technology and Innovation [M]. New York: McGraw-Hill, 2004.

[37] 陈劲. 从技术引进到自主创新的学习模式 [J]. 科研管理, 1994 (2): 32-35.

［38］傅家骥. 技术创新学［M］. 北京：清华大学出版社，1998.

［39］万君康. 论技术引进与自主创新的关联与差异［J］. 武汉汽车工业大学学报，2000（4）：43－46.

［40］温瑞珺. 企业自主创新能力评价研究［J］. 集团经济研究，2005（9）：68－69.

［41］刘凤朝. 基于集对分析法的区域自主创新能力评价研究［J］. 中国软科学，2005（11）：83－92.

［42］周寄中. 关于自主创新与知识产权之间的联动［J］. 管理评论，2005（11）：41－45.

［43］魏江. 企业技术创新能力的界定及其与核心能力的关联［J］. 科研管理，1998（6）：12－17.

［44］许庆瑞. 研究、发展与技术创新管理［M］. 北京：高等教育出版社，2000.

［45］Cummings J N. Initiative for distributed innovation（ID I）.［DB／OL］.［2008－12－18］. http：／／www. distributed innovation. org／index. php？p＝overview.

［46］Kelly C. Does distributed innovation fit with current innovation theory and policy ［R］. PUBP6803－Technology，Regions，and Policy，2006.

［47］Bowden A. Knowledge for free：distributed innovation as a source of learning［J］. Public Policy and Administration，2005，20（3）：56－68.

［48］Fraser P，Gregory M，Minderhoud S. Distributed innovation processes：an exploratory study in the consumer electronics industry［C］.／／The 11th International Product Development Management Conference. Dublin，Ireland：［s. n.］，2000：42－43.

［49］Sawhneym M，Prandell E. Communities of creation：managing distributed innovation turbulent markets［J］. California Management Review，2000（42）：24－49.

［50］高小芹，刘国新. 企业分布式创新国外研究现状［J］. 武汉理工大学学报信息与管理工程版，2009（6）：455－458.

［51］Rigby Darrell，Zook Chris. Open-market Innovation［J］. Harvard Business Review，2002，80（10）：80.

［52］Chesbrough，Henry. Open Innovation：The New Imperative for Creating and

Profiting from Technology [J]. Harvard Business School Press, 2003 (1): 4 – 182.

[53] 后锐, 张毕西: 企业开放式创新. 概念、模型及其风险规避 [J], 科技进步与对策, 2006 (3): 3 – 15.

[54] 于开乐, 王铁民. 基于并购的开放式创新对企业自主创新的影响——南汽并购罗孚经验及一般启示 [J]. 管理世界, 2008 (4): 150 – 159.

[55] 金涛, 陈建良, 童水光: 逆向工程技术研究进展 [J], 中国机械工程, 2002 (16): 17 – 20.

[56] Cohen Wesley M, Levinthal Daniel A. Absorptive Capacity: A New Perspective on Learning and Innovation [J]. Administrative Science Quarterly, 1990, 35 (1): 128.

[57] 路风, 封凯栋. 发展我国自主知识产权汽车工业的政策选择 [J]. 北京: 北京大学出版社, 2005.

[58] Ahuja Gautam, Katila Riitta. Technological Acquisitions and the Innovation Performance of Acquiring Firms: A Longitudinal Study [J]. Strategic Management Journal, 2001, 22 (3): 197 – 220.

[59] Vijay Govindarajan, Chris Trimble. Is reverse innovation like disruptive innovation? [J]. Harvard Business Review, 2009 (9): 30.

[60] ET Bureau. Reserve innovation: high end technology at a price affordable to consumers [J]. Harvard Business Review, 2010 (5): 19.

[61] Wikipedia. Reverse innovation [J]. The Free Encyclopedia, 2011 (5): 4 – 5.

[62] John Hagel. Challenging Mindsets: from reverse innovation to innovation blowback [J], Permalink, 2010 (1): 6.

[63] Vijay Govindarajan. The Case for Reverse Innovation Now [J], Harvard Business Review, 2010 (10): 5 – 10.

[64] 刘宇, 马卫. 通用电气的反向创新 [J]. 企业管理, 2011 (10): 38 – 39.

[65] 路风, 封凯栋. 为什么自主开发是学习外国技术的最佳途径?——以日韩两国汽车工业发展经验为例 [J], 中国软科学, 2004 (4): 6 – 11.

[66] 刘国新, 李兴文. 国外技术创新过程中的政府作用分析——对我国实施自主创新战略的启示 [J]. 当代经济管理, 2006 (2): 112 – 117.

[67] 郑书伟. 我国汽车自主创新存在的问题及对策建议[J]. 中国新技术新产品, 2009 (11): 253－253.

[68] 朱华荣. 对中国汽车自主创新能力建设的几点思考[C]//"技术创新与核心能力建设"重庆汽车工程学会2006年会论文集. 重庆: 重庆汽车工程学会, 2006: 1－5.

[69] 杨沿平, 唐杰, 周俊. 我国汽车产业自主创新现状、问题及对策研究[J]. 中国软科学, 2006 (3): 11－16.

[70] Teece David J, Gary Pisano, Amy Shuen. Strategic Management Dynamic Capabilities and Strategic Management [J]. Strategic Management Journal, 1997, 18 (7): 509－533.

[71] Eisenhardt, Jeffrey A Martin. Dynamic Capabilities: what are they? [J]. Strategic Management, 2000 (21): 10－11.

[72] Dosi G, Nelson RR. The Nature and Dynamics of Organizational Capabilities [M]. Oxford: Oxford University Press, 2000.

[73] Winter S. Deliberate Learning and the Evolution of Dynamic Capabilities [J]. Organization Science, 2002 (13): 339－351.

[74] 董俊武, 黄江圳, 陈震红. 基于知识的动态能力演化模型研究[J]. 中国工业经济, 2004 (2): 117－126.

[75] Cepeda G, Vera D. Dynamic Capabilities and Operational Capabilities: A Knowledge Management Perspective [J]. Journal of Business Research, 2007 (5): 426－437.

[76] Kogut B. Designing Global Strategies: Comparative and Competitive Value-added Chains [J]. Sloan Management Review, 1985, 26 (4): 129－154.

[77] Gary Gereffi, Raphael Kaplinsky eds. The value of value chains [J]: IDS Bulletin, 2001, 32 (3): 1－8.

[78] Kaplinsky R, Morris M, Readman J. The Globalization of Product Markets and Immiserizing Growth: Lessons from the South African Furniture Industry [J]. World Development, 2002, 30 (7): 1159－1177.

[79] 段文娟, 聂鸣, 张雄. 价值链治理对发展中国家地方产业集群升级的影响研究——以巴西西诺斯谷鞋业集群为例[J]. 软科学, 2006 (2): 31－35.

[80] 张辉. 全球价值链动力机制与产业发展策略[J]. 中国工业经济, 2006

(1)：40-48.

[81] 周煜，聂鸣. 我国汽车产业 R&D 投资及创新绩效的动态博弈分析 [J]. 汽车工程，2008（8）：725-728.

第 2 章　我国汽车产业发展历程和升级制约因素

2.1　我国汽车产业发展历程

进入 20 世纪以后，在科学技术快速发展和经济全球化的背景下，国际分工模式发生了深刻变化，产品内分工成为当代国际分工的主要表现形式之一。于是一个产品的不同生产环节逐渐由不同国家来完成，国家生产网络开始形成，汽车产业也不例外，在这个大的宏观背景下，汽车产业的全球生产网络逐步形成。

进入 21 世纪以来，我国的汽车产业发展十分迅速，产量从 2000 年的 206.82 万辆增加到 2017 年的 2901.54 万辆，年均增长 24.3%，从 2009 年开始产销量居世界第一位。2016 年我国汽车制造工业总产值约 8.3 万亿元，实现利税超过 6677 亿元。我国的汽车工业已经成为带动经济增长的支柱产业之一，汽车产业在国民经济中的重要地位日益显现出来。而且，由于历史的原因，我国汽车产业的布局相对分散，除一汽、上汽和东风三大汽车集团外，几乎每个省市都有自己的汽车产业。然而，尽管我国已经成为世界上最大的汽车生产国和汽车的消费市场，但是我国汽车产业的发展质量并不高。具体而言，我国的汽车工业不仅在产品技术研发、自主创新能力、产业集中度等方面与国际先进水平和跨国汽车公司相比还有较大差距，更为重要的是，由于环境的动态变化和资源的进一步匮乏，以及汽车生产经营的全球化，对我国汽车产业的生产经营水平提出了更高的要求。因此，要实现我国汽车产业升级，促成我国汽车产业健康和可持续发展，就需要改变汽车产业发展方式，在遵循汽车产业发展规律的同时，提高产业发展质量。

2011年4月19~20日，中国汽车工业协会（CAAM）和世界汽车组织（OICA）在上海共同举办了首届中国汽车论坛。截至2018年共举办了八届，从历年的中国汽车论坛主题可以看出汽车产业发展重心的变化，见表2.1。

表2.1 历年中国汽车论坛主题

Table 2.1 Theme of China automobile forum over the year

年份	论坛主题
2011	低碳时期的世界汽车工业
2012	全球化与中国汽车产业——入世十周年中国汽车产业发展与展望
2013	战略、品牌、国际化——新增长形势下中国和世界汽车产业发展
2014	绿色驱动、合作共赢
2015	新常态下的中国汽车产业
2016	创新、绿色、共享——开启中国汽车产业发展新阶段
2017	创新驱动、品牌提升——中国汽车产业新趋势
2018	新时代、新趋势、新策略——聚焦汽车产业高质量发展

2.1.1 我国汽车产业发展阶段

1. 起步阶段

1950年中央政府重工业部成立了由郭力、孟少农、胡云芳等人组成的汽车工业筹备组，在苏联专家组协助下开始了筹建工作。1951年，孟少农和苏联专家一起到长春考察，考察后将一汽的厂址选定在长春西南的孟家屯。1952年，中国政治局讨论并确定了一汽的建设方针，并任命饶斌为第一任厂长，孟少农为副厂长兼总工程师。1953年7月15日，第一汽车制造厂举行了隆重的奠基典礼。1956年7月13日，一汽建成投产，总装线装配出第一辆"解放牌"

汽车，结束了中国不能制造汽车的历史。1958年5月，中国制造出第一辆轿车"东风"。1958年8月制造出第一辆红旗牌高级轿车。

2. 慢速发展阶段

1957—1984年，是中国汽车工业的初步发展时期，建立了南汽、上汽、济汽、北汽、二汽、川汽、陕汽。

1984年开始吸引外资，1月首个中外合资企业——北京吉普成立。1985年上海大众汽车公司成立，南汽引入依维柯汽车。1994年出台第一部汽车产业发展政策——《汽车工业产业政策》。1998年汽车总产量达162.8万辆，成为世界十大汽车制造国之一。这段时间，第二轮合资热潮开始，上海通用、广州本田、一汽大众、神龙公司成立。1978—2001年我国汽车产量见表2.2。

表2.2 1978—2001年我国汽车产量

Table 2.2 Chinese automobile output 1978—2001

年份	1978	1980	1990	1992	1998	1999	2000	2001
产量（万辆）	15	22	51	106	163	185	207	234

3. 快速发展阶段

随着2011年12月11日中国加入世界贸易组织，持币待购的私人用车消费者的购买力得到释放，购车主体由原来的政府机关等组织开始转向私人购车市场，中国汽车产业得到了快速的发展，其中2002—2004年的汽车市场被称为"井喷时代"。由于汽车市场的井喷带来了一些问题，于2004年出台了第二部汽车产业发展政策——《汽车产业发展政策》，用于规范汽车市场的发展。2008年全球金融危机对我国汽车产业的发展带来了一些负面影响，于是在2009年出台了第三部汽车产业发展政策——《汽车产业调整和振兴规划》。把调整产业结构、发展自主品牌汽车以及新能源汽车列入了政策之中。这段时期，我国汽车发展迅速，2002—2011年我国汽车产量见表2.3。

表 2.3 2002—2011 年我国汽车产量

Table 2.3 Chinese automobile output 2002—2011

年份	2002	2003	2004	2005	2006
产量（万辆）	325	444	507	571	728
年份	2007	2008	2009	2010	2011
产量（万辆）	888	934	1379	1827	1842

4. 并行发展阶段

这里所说的并行发展是指传统汽车和新能源汽车的并行发展。考虑到环保问题和能源问题，2012 年，我国正式出台了第一部关于新能源汽车发展的规划——《节能与新能源汽车产业发展规划》，在 2016 年出台了《节能与新能源汽车技术路线图》，进一步细化了对新能源汽车发展的规划。在 2017 年出台了《汽车产业中长期发展规划》，把新能源汽车、智能网联汽车列为汽车产业发展的重点技术领域。2012—2017 年汽车产量和新能源汽车产量分别见表 2.4 和表 2.5。

表 2.4 2012—2017 年我国汽车产量

Table 2.4 Chinese automobile output 2012—2017

年份	2012	2013	2014	2015	2016	2017
产量（万辆）	1927	2212	2372	2450	2812	2902

表 2.5 2012—2017 年我国新能源汽车产量

Table 2.5 Chinese new energy automobile output 2012—2017

年份	2012	2013	2014	2015	2016	2017
产量（万辆）	1.26	1.75	8.49	37.9	51.7	79.4

2.1.2 我国汽车产业发展取得的成绩

1. 技术进步

2016 年，我国汽车企业申请专利公开量达 46.39 万件，同比增长 9.12%，其中发明 22.73 万件，同比增长 12.7%，发明授权 10.25 万件，同比增长 32.98%，汽车行业专利数量和发明授权率都明显提高。那么，目前国内主要整车企业的专利申报现状如何呢？

基于"全球汽车专利数据库服务平台"的数据，对中国第一汽车股份有限公司、上海汽车集团股份有限公司、北京汽车股份有限公司、东风汽车公司、广州汽车集团股份有限公司、重庆长安汽车股份有限公司、浙江吉利汽车研究院有限公司、奇瑞汽车股份有限公司、安徽江淮汽车股份有限公司、长城汽车股份有限公司共十家企业的专利申报情况进行分析研究，分析数据的截止时间为 2017 年 6 月 20 日。2016 年十家企业专利申请公开量排名如图 2.1 所示。

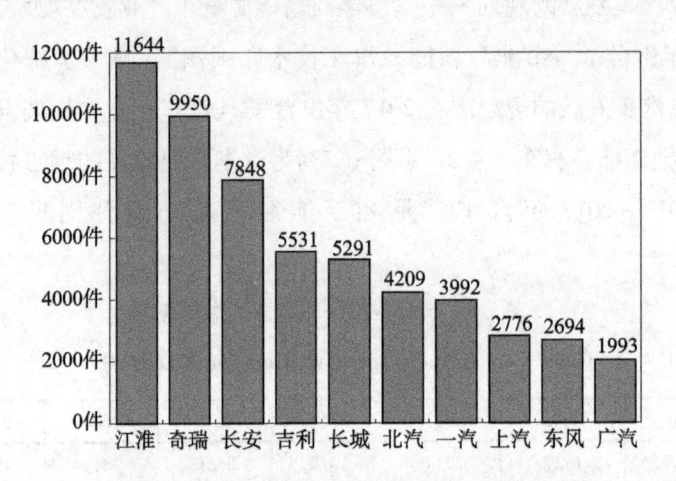

图 2.1　2016 年十家企业专利申请公开量排名

Fig. 2.1　Patent open volume ranking in ten enterprises in 2016

数据来源：汽车知识产权微信公众号。

从申请量来看，江淮以 11644 件位居榜首，是唯一申请量过万件的企业，奇瑞、长安分别位列第二位和第三位；有一半的企业专利申请量超过了 5000 件。

那么，各企业研发重点又都分布在哪些领域呢？基于"全球汽车专利数据库服务平台"的检索结果，分别统计了十家企业 TOP 5 的重点技术领域，见表 2.6。

表 2.6 十家企业 TOP 5 的重点技术领域

Table 2.6　Key technical area TOP 5 in ten enterprises

企业	TOP 1	TOP 2	TOP 3	TOP 4	TOP 5
江淮	整车制造	发动机	车身及附件	电子电器	变速器
奇瑞	发动机	整车制造	电子电器	车身及附件	新能源汽车
长安	车身及附件	发动机	整车制造	电子电器	新能源汽车
吉利	车身及附件	发动机	电子电器	整车系统	整车制造
长城	发动机	车身及附件	整车制造	变速器	整车制造
北汽	车身及附件	电子电器	发动机	基础通用	悬架系统
一汽	发动机	整车制造	新能源汽车	变速器	车身及附件
上汽	新能源汽车	发动机	车身及附件	电子电器	变速器
东风	车身及附件	发动机	电子电器	新能源汽车	整车制造
广汽	车身及附件	新能源汽车	发动机	电子电器	整车制造

注：数据来源于汽车知识产权微信公众号。

可以看出，车身及附件、发动机、电子电器等技术是各大汽车企业保护的重点；但十家企业在重点技术上也呈现出明显的不同，如江淮的申请中整车制造专利最多，而上汽是唯一一个"新能源汽车"为 TOP 1 的企业。

除了重点技术领域分布存在差别外，十家企业在有效专利数上也显示了各自的特点，如图 2.2 所示。

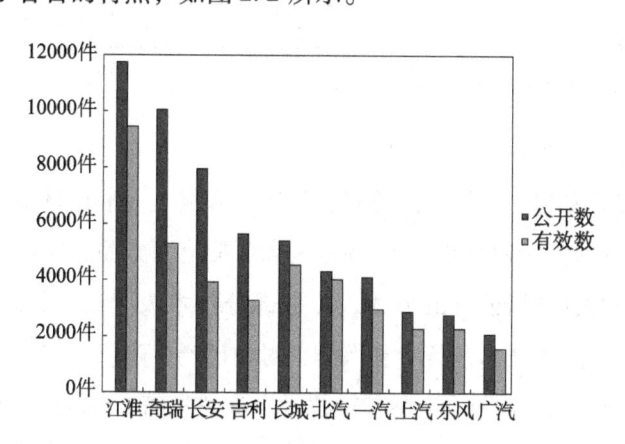

图 2.2　2016 年十家企业有效专利数

Fig. 2.2　Number of valid patents in ten enterprises in 2016

数据来源：汽车知识产权微信公众号。

从图 2.2 中可以发现，企业有效专利数的排名和公开专利数的排名并不是完全一致的，其中长安和吉利的有效数排名明显低于其公开数排名，而北汽的有效数排名则接近于其公开数排名。

专利有效数排名与公开数排名之间的差异产生的原因有两个方面：一是有效专利数＝授权专利数＋部分无效专利数；二是有效专利数与公开数之间的差异是由处于审查流程中或撤回、驳回、终止、届满、全部无效的无权专利导致的。

因此，需要对无权专利情况进行进一步的研究，2016 年十家企业无权专利分布见表 2.7。

表 2.7　2016 年十家企业无权专利分布

Table 2.7　Distribution of ten enterprises of no right patent in 2016

法律状态	奇瑞	上汽	长城	长安	广汽	一汽	江淮	吉利	东风	北汽
驳回	1327	353	373	712	372	314	1354	266	133	192
撤回	980	53	72	91	4	58	68	138	15	41
公开	177	13	2	643	0	278	117	9	70	3
终止	2179	53	318	2495	35	243	401	1902	170	1
届满	0	15	8	13	0	163	46	39	122	0
全部无效	0	0	1	0	0	1	0	0	0	0

注：数据来源于汽车知识产权微信公众号。

通过无权专利数分布表可以看出：

①有效专利比例最低的长安，其撤回和终止专利的数量在 10 家企业中均较高。撤回和终止专利数较高可能有两方面的原因：

一是通过申请公开的方式，使一部分技术成为现有技术，避免竞争对手对这些技术进行专利保护，对自己产生障碍。

二是在专利申报时并没有对技术方案进行详细的筛选布局，造成部分申请价值低，甚至没有价值，从而中途放弃了申请或保护。

②另一有效专利比例较低的企业吉利，其被驳回的专利数量明显高于平均驳回数，另外其终止的专利数也近 2000 件，导致了其有

效专利数较少。

③有效专利比例较高的北汽，主要原因在于其公开、实审和驳回的数量均较少，而发明占比较低。

专利申报量、重点保护的技术领域以及有效专利数之间的差异，都在一定程度上反映了企业的专利保护战略。

2. 制造模式

我国汽车产业从1953年起步，至今已发展了60多年，其制造模式经历了四个阶段。

（1）手工制造阶段

一汽的第一辆"解放牌"汽车，是在工厂手工打造完成的。一汽的"红旗牌"、二汽的"东风牌"、上汽的"上海牌"和"凤凰牌"汽车，大部分都是手工制造完成，生产技术落后，生产效率低下。

（2）流水线生产方式

福特发明的流水线生产方式可以大大提升汽车生产制造的效率，由于我国汽车产业起步晚，直到1984年开启合资之后，才开始引入流水线生产方式。随着合资方的投入，如上汽通用等企业开始了流水线生产方式，然后越来越多的合资企业和自主品牌汽车企业开始使用流水线生产方式。

（3）精益生产和模块化生产

由于市场上供应的汽车产品越来越多，消费者也开始变得更加成熟，开始追求产品的多样化和个性化。于是出现了以丰田为代表的精益生产模式和以大众为代表的模块化生产模式，在满足消费者个性的同时，实现了生产的高效率。

（4）智慧工厂

2016年以后，在"工业4.0"战略和"中国制造2025"战略的推动下，在精益生产和模块化生产的基础上，汽车生产过程中的自动化和标准化程度明显提升。汽车生产制造过程中出现从自动化到智慧化的转变。智慧工厂包括四个关键环节：

①智能制造

运用物联网的技术，在生产车间和整个工厂内部，实现汽车生产制造的智能化。在总装车间和涂装车间可以实现100%的自动化。

②制造工艺

通过学习航空航天生产技术，实现汽车车身的复合材料普及率，提升车身工艺，运用钢铝混合车身和全铝车身来提高车身强度并且实现汽车的轻量化。运用铝激光钎焊、双激光焊和铝电极点焊等相关焊接工艺。

③环保技术

在传统焊接的过程中，会产生大量的污染物，通过使用绿色材料，并且加强废水、废气等污染物的处理，实现汽车生产制造过程的环保。

④质量管理体系

从人、机、料、法、环五个角度实现了严格的质量管理体系，通过优化质量管理硬件和软件，提升汽车生产制造过程中的质量管理水平。

2.1.3 市场表现

1. 传统汽车

（1）一汽集团

一汽集团于1953年7月15日成立。1991年，与德国大众合资建立15万辆轿车基地；2002年，与天津汽车工业（集团）有限公司联合重组；与日本丰田汽车公司实现合作。一汽集团拥有全资子公司29家，控股子公司17家，资产总额达1098亿元，员工13.33万人。现有解放、红旗、夏利、大众、奥迪、丰田、马自达七大品牌。

①一汽轿车股份有限公司

一汽轿车股份有限公司于1997年成立，通过合资合作和自主开发并行，运用奥迪整车技术和克莱斯勒发动机技术，联合开发小红旗轿车。旗下产品有三大系列：红旗旗舰、红旗世纪星、红旗明仕。

②一汽大众汽车有限公司

一汽大众汽车有限公司由一汽集团与德国大众集团及奥迪汽车股份公司合资而成，于1991年2月8日成立，1996年8月建成投产。旗下产品有捷达、奥迪、高尔夫、宝来等。1998年6月23日推出的奥迪A6填补了国内涡轮增压发动机汽车的空白。

③天津汽车工业有限公司

1964年成立了天津汽车工业有限公司，1984年引进日本大发JIJET牌S70系列微型车设计和制造技术及关键设备，1986年引进大发夏利牌轿车，1997年8月28日天津汽车夏利股份有限公司成立，2002年天汽集团与一汽集团签订联合重组协议，更名为天津一汽夏利汽车股份有限公司。

（2）东风汽车集团

东风汽车集团于1969年在十堰投资10亿元建成。1975年生产基础建成，基本车型是东风牌2.5T越野车。1978年东风牌5T民用载重汽车投入生产，1981年成立东风汽车工业联营公司，1992年更名为东风汽车集团。生产基地有十堰、襄樊、武汉、广州。2000年与台港裕隆合资风神汽车有限公司，2001年与美国康明斯公司合资，2002年东风雪铁龙、东风标致共线生产。2003年东风本田汽车有限公司成立，并迁址武汉。

①神龙汽车有限公司

神龙汽车有限公司于1992年成立，拥有标致商务部和雪铁龙商务部。旗下品牌有富康、爱丽舍、毕加索、赛纳。

②东风悦达起亚汽车有限公司

东风悦达起亚汽车有限公司由东风汽车公司、江苏悦达投资股份有限公司、韩国起亚自动车株式会社共同出资建成，股比为25∶25∶50。旗下产品有千里马、嘉华等。

（3）上汽集团

1956年，由当地300家相关厂家成立了上海汽车工业总公司。

20世纪80年代引进桑塔纳轿车、本田摩托车、菲亚特拖拉机的技术，1985年上海大众汽车有限公司成立，主要从事轿车、客车、载重车、拖拉机、摩托车等整车及配套零部件的生产、研发、贸易和金额服务。

①记忆中的上海牌轿车

1958年试制样车，定名凤凰牌。1959年新的凤凰牌轿车诞生，共生产18辆，1963年更名为上海牌，1991年上海牌停产。

②上海大众汽车有限公司

旗下产品有桑塔纳3000、帕萨特、POLO、GOL四大平台。

③上海通用汽车有限公司

1997年由上汽与通用各出资一半建成，除上海外，还有上海通用东岳汽车（烟台）、上海通用东岳动力总成（烟台）、上海通用北盛汽车（沈阳）三大生产基地。品牌有凯迪拉克和别克。2002年自主品牌项目启动。2004年以5亿USD收购双龙48.92%股份，2005年增至50.91%。2004年以6700万英镑获得罗孚75、25及发动机知识产权。在上海安亭投资18亿元建立了上汽汽车中国研发中心、英格兰沃里克郡上汽汽车海外研发中心。2006年4月10日整合了国际国内优势资源，打造高端自主品牌荣威。2006年6月墨斐加入，从事海外生产经营。2006年10月荣威750上市，售价23.18万~27.68万元。

（4）北汽集团

抗日战争胜利后，国民政府和军队接收了从事汽车修理的华北野战军自动车北平研究所和从事机械制造的北平锻造株式会社，从事汽车修理和机构制造。中华人民共和国成立后分别发展成为北京汽车摩托车联合制造公司和北京内燃机总厂，以两企业为主联合其他中小企业成立北汽，初期从事汽车修理并生产部分配件，1958年试制井冈山牌轿车（未正式投产），后成功开发投产了BJ212越野车和BJ130轻型货车。1984年北汽下属的北京汽车制造厂与美国汽车公司（后并入克莱斯勒）合资成立我国第一个合资公司——北京吉普汽车有限公司。1995年5月18日北京汽车工业集团总公司成立。1996年8月28日北汽福田成立，旗下品牌有欧曼、欧V、风景、奥铃和时代，包括商用车35T以下货车全系列产品，轻客、SUV、皮卡产品和大中型客车系列产品。2002年北京现代汽车有限公司成立。2004年在北京吉普汽车有限公司基础上重组北京奔驰—戴姆勒—克莱斯勒汽车有限公司。北汽集团产品结构包括：以现代轿车为代表的轿车板块；以切诺基为代表的越野车板块；以福田为代表的商用车板块。

（5）广汽集团

1997年6月广州汽车集团有限公司成立，2005年6月28日更名为广州汽车集团股份有限公司（简称广汽集团），总部位于广州市天河区珠江新城，目前拥有员工超过8.4万人。

广汽集团坚持合资合作与自主创新共同发展的模式，业务涵盖整车（汽车、摩托车）及零部件研发、制造、汽车商贸服务、汽车金融等，拥有保险、保险经纪、汽车金融、财务、融资租赁等多块非银行业金融牌照。目前，广汽集团旗下共有广汽乘用车、广汽本田、广汽丰田、广汽三菱、广汽菲亚特克莱斯勒、广汽研究院等数十家知名企业与研发机构。

2017年，广汽集团旗下自主品牌、日系合资、欧美系合资三大整车产销量首次突破200万辆，同比增长超21%，市场占有率升至7%；2017年广汽集团连同合营、联营公司共实现营业总收入3397.73亿元，同比增长23.21%。

（6）长安集团

长安汽车于1862年创办，发展至今，旗下已拥有重庆长安股份有限公司、长安铃木汽车有限公司、长安福特马自达汽车有限公司、长安福特马自达南京公司等公司。还有延锋伟世通（重庆）汽车饰件系统有限公司等零部件公司。

长安集团旗下有长安福特、长安马自达等合资品牌和长安、悦翔、奔奔等自主品牌，各品牌汽车在渠道中实行分网销售。

(7) 吉利汽车

吉利汽车是中国最早、最大的民营汽车生产企业,于1986年11月6日成立,前身是台州黄岩制冷元件厂,1997年进入汽车行业,1998年8月8日第一辆轿车——吉利豪情两厢车下线。整车基地有临海、宁波、台州、上海。

①吉利豪情系列轿车

吉利集团涉足汽车界的第一款车型。

②上海华普汽车

2002年8月收购上海杰士达汽车集团公司,成立上海华普整车制造基地,2003年8月8日华普飚风下线,2003年10月8日华普M203下线。

(8) 江淮汽车

安徽江淮汽车集团股份有限公司(简称江淮汽车或JAC),旗下产品包括重、中、轻、微型货车,多功能商用车、MPV、SUV、轿车、客车、专用底盘及变速箱、发动机、车桥等核心零部件。现拥有瑞风、江淮iEV、帅铃、骏铃、康铃、格尔发、和悦、星锐、锐捷特等知名品牌。

(9) 奇瑞汽车

奇瑞汽车于1997年成立,产品品牌有风云、旗云、QQ、东方之子。2001年推出风云,2003年推出QQ、东方之子和旗云,2007年4月上市销售。2001年第一批轿车出口,打破中国轿车零出口纪录。2003年与伊朗CKD公司合作。2002年成为中国首家通过汽车生产质量控制体系ISO/TS16949标准认证的整车制造企业。

①奇瑞风云轿车

2001年上市后,当年销量2.8万辆。上市7个月后就批量出口中东,打破国产轿车零出口纪录。

②奇瑞东方之子

中国第一辆力量型轿车,三菱发动机,手自一体化变速箱。

③奇瑞 QQ

国内首款为年轻人打造的轿车;设计原则是快乐;分基本型和舒适型。

④奇瑞发动机品牌——ACTECO

2002 年 9 月奇瑞公司和奥地利 AVL 公司(奥地利 AVL 公司是菲亚特公司的发动机研发机构)正式签署技术合作协议,共同开发奇瑞 ACTECO 系列发动机,2003 年 1 月至 2005 年 2 月,60 余名奇瑞产品工程师先后赴奥参加开发工作。2003 年 6 月第一台发动机样机点火成功。2003 年 9 月至今近 20 名 AVL 产品工程师分 3 批到芜湖参加开发工作(ACTECO 系列发动机开发过程中,共有来自欧、美、亚三大洲,8 个国家的 200 多名工程师参与)。2005 年 3 月 28 日生产 ACTECO 系列发动机的奇瑞发动机二厂建成投产,第一批发动机下线并点火成功。2005 年 4 月 22~28 日,上海国际车展上展出 18 款中的 6 款。2005 年 10 月 31 日 ACTECO 发动机正式上市。

(10)长城汽车

长城汽车旗下产品分为皮卡和 SUV 两大系列,其中皮卡旗下有迪尔和赛铃两大品牌。SUV 旗下有赛弗和赛影两大品牌。2003 年在香港上市,2005 年推出首款国产 CUV 哈弗。

2. 新能源汽车

(1)比亚迪汽车公司

比亚迪已经掌握了电池、电动机、电控等新能源车核心技术。目前,比亚迪新能源车已经形成乘用车和商用车两大产品系列,涵盖七大常规领域和四大特殊领域(即"7+4"战略,其中"7"为私家车、出租车、城市公交、道路客运、城市商品物流、城市建筑物流、环卫车;"4"为仓储、港口、机场、矿山专用车辆),实现全领域覆盖。自 2008 年推出全球首款量产的插电式混合动力车型以来,比亚迪陆续推出 e6、秦、唐、宋等多款新能源车型,2015—2017 年连续三年全球新能源乘用车年度销量第一。在商用车市场,比亚迪拥有丰富的纯电动巴士、纯电动货车和纯电动叉车产品线。

2012年，比亚迪发布"城市公交电动化"解决方案，随后上升为中国国家战略。比亚迪K9是全球首款集欧、美、日等多项权威认证于一身的纯电动巴士，早在2011年就陆续在深圳投入商业运营。2015年，22辆比亚迪T8纯电动洗扫车承担于北京举行的纪念抗战胜利70周年阅兵仪式路面清扫工作，出色完成任务。比亚迪各类纯电动商用车获得包括深圳巴士集团、伦敦交通局、洛杉矶公交公司、悉尼机场、斯坦福大学、Facebook等国内外顶级客户的高度认可，足迹遍布中国、美国、英国、日本、澳大利亚、法国等数十个国家和地区，并屡次创造行业纪录。比亚迪已累计向全球合作伙伴交付超过3.5万辆纯电动巴士，2014—2017年连续四年位居10米（含）以上纯电动巴士细分市场的全球销量第一，并占据美国80%以上的纯电动巴士市场份额。随着全球各地订单的爆发，比亚迪正逐步完善研发和生产布局，已于中国、美国、巴西、匈牙利和法国等国家设立了纯电动商用车工厂。

为解决城市交通拥堵问题，比亚迪于2016年10月发布轨道交通产业子品牌——"云轨"，正式宣告进军轨道交通领域。"云轨"由比亚迪组建的1000多人的研发团队，历时5年，累计投入50亿元，成功打造而成。"云轨"属于中小运力的轨道交通，综合优势非常突出：造价仅为地铁的1/5；建设周期仅为地铁的1/3；爬坡能力强，转弯半径小，具有极强的地形适应能力；噪声低，可从城市建筑群中穿过；桥梁通透，独立路权，景观性好，能很好地适应城市生态环境；编组灵活，单向运能为1万~3万人/h；最高时速可达80km/h。"云轨"可广泛用于一二线城市的交通接驳线、加密线，三、四线城市的交通主干线，以及旅游景区的观光线等。目前，比亚迪已经与银川、广安、深圳、汕头、蚌埠、菲律宾伊洛伊洛、埃及亚历山大等多个城市就"云轨"达成战略合作，发展势头非常迅猛。

（2）北汽新能源

北京新能源汽车股份有限公司成立于2009年，专注耕耘纯电动汽车领域,凭借掌握的新能源核心技术,已经推出EH、EU、EX、EV、EC、LITE六大系列车型10余款纯电动乘用车,成为目前中国新能源市场上产品谱系最长的新能源车企。2013—2016年,北汽新能源连续四年蝉联中国纯电动汽车市场销量冠军。北汽新能源累计市场保有量已近15万辆,居全国第一,是国内首家进入"10万俱乐部"的新能源汽车企业。

截至2017年10月,北汽新能源自建公共桩10991个,自建私人桩29142个。截至2017年年底,服务站点已超过225家。在全国有四家分时租赁平台,注册会员数量超20万人。2017年5月,北汽新能源正式发布了为打造共享汽车生态圈而创的"轻享平台"。

北汽新能源成为百度自动驾驶技术的Apollo(阿波罗)计划生态首批合作成员。据悉,2015年4月北汽新能源就已经和百度达成战略合作,双方整合各自资源优势,打造出了搭载"i-drive智能驾驶驱动技术"的无人驾驶汽车。

(3)江铃新能源

江铃集团新能源汽车有限公司(简称JMEV)成立于2015年年初,是江铃集团旗下集新能源汽车研发、生产、销售和服务于一体的新兴企业。

江铃新能源旗下拥有多款车型,涵盖两厢及三厢纯电动轿车,满足城市代步通勤的需求。同时全新打造的城市纯电动SUV——E400也已上市。

(4)上汽乘用车

上海汽车集团股份有限公司乘用车公司,是上海汽车集团股份有限公司的全资子公司,承担着上汽自主品牌汽车的研发、制造与销售。从诞生之日起,乘用车公司就依托上汽集团20多年合资合作所积累的技术、制造、采购、营销和管理优势,以国际化的视野,创造性地集成全球优势资源,以高品质的产品与服务,满足消费者高品位需求,以优秀的国际合作团队,打造中国人自己的国际汽车领导品牌。

(5) 知豆汽车

知豆微型电动车于 2012 年 10 月 23 日在中国（临沂）城市微型纯电动车国际高峰论坛上市。该车以欧洲设计理念设计，纯自主正向研发，已获得欧洲 E-Mark 认证，并通过了 ISO 9001、CCC 和欧洲 CE 认证，已出口意大利。

(6) 众泰

众泰作为最早布局新能源汽车产业化的企业之一，与国家电网等单位合作开启了分时租赁和众车纷享等运营模式。截至 2017 年，众泰新能源累计实现销售超过 11.2 万辆。

(7) 奇瑞新能源

2001 年，奇瑞公司正式成立了"清洁能源汽车专项组"，专职负责混合动力汽车、替代燃料汽车等清洁能源汽车前沿技术的研究与开发。2010 年 4 月，奇瑞新能源汽车技术有限公司正式成立。

奇瑞公司自 2000 年新能源汽车起步，公司新能源汽车事业经历了三个重要的发展阶段；

第一阶段，从 2001—2005 年。公司以国家"863"项目为载体，联合国内顶尖的高校及科研院所，承担并完成了多项国家"863"电动汽车重大专项研发课题，短短 3 年左右就完成了 ISG 中度混合动力和纯电动汽车的原理性样车研发。

第二阶段，2005—2008 年。以科技部批准组建的"国家节能环保汽车工程技术研究中心"为依托，基本完成了新能源汽车的产业化研发，建立了完善的节能与新能源汽车研发体系、世界一流的新能源试验中心、试制中心等，在电动汽车关键零部件和核心技术方面，公司已经形成一整套关键零部件研发、试验、应用标定及产业化的能力，在电动机、电机驱动系统、DC/DC、先进动力电池、电池管理系统、整车控制器等方面都初步形成了批量生产的能力，完全掌握了新能源汽车的核心技术、标定技术和试验验证技术。

第三阶段，2009 年至今，公司全面启动了新能源汽车大规模产业化及应用，奇瑞 A5ISG、A5BSG、S11EV 和 S18EV 已经获得了工信部发布的产品公告并入选了国家节能环保产品推荐目录。

（8）长安新能源

重庆长安新能源汽车公司由重庆长安汽车股份公司与重庆市科技风险投资公司共同出资于 2008 年 6 月成立，业务涉及新能源汽车及相关零部件研发和制造、营销服务等。目前已具备独立研发和制造具有完全自主知识产权的混合动力汽车，其中，作为中国第一辆产业化的混合动力轿车，长安杰勋在北京奥运会期间成功进行了示范运行，2008 年年底，重庆市政府正式启动了国家"十千工程"重庆电动汽车大规模示范运行并采购了 10 辆长安杰勋混合动力汽车作为政府公务用车。

在整车研发上依托长安汽车工程研究院，目前已具备了汽车及发动机产品前期策划、产品造型、工程化设计、产品试制、工艺及试验检测能力。在新能源系统研发上构建了包括清华大学、重庆大学、北京理工大学、北京航空航天大学、重庆邮电大学、重庆理工大学等单位为支撑的产学研支撑团队。

（9）江淮新能源

自 2002 年涉足新能源汽车研发领域以来，江淮汽车的新能源业务已涵盖乘用车、轻型商用车、多功能商用车、客车等产品。

近年来，江淮汽车基于 NAM 流程，依托一主四辅研发体系，坚持创新驱动，努力掌握关键技术，已形成整车技术、核心动力总成和自动变速箱及软件系统等产品研发、试验验证和标定开发等完整的正向研发体系，成为国家高新技术企业和国家创新型试点企业，拥有国家级企业技术中心和汽车行业唯一的国家级工业设计中心，在自主研发领域硕果累累。目前，江淮汽车已系统掌握了新能源汽车的电池、电动机、电控三大核心技术及电转向、电制动、能量回收等关键技术，特别在电池热管理技术、本质安全管理技术等方面实现了重大突破。

已在 iEV7S 车型上成功搭载的液冷技术，由江淮汽车自主研发，是国内新能源汽车电池热管理技术的重大突破，已达到世界领先水平。

2015年7月17日,江淮汽车对外发布新能源汽车业务发展战略（i.EV+战略）规划,到2025年,江淮新能源汽车总产销量将占江淮总产销量的30%以上。目前,江淮汽车的新能源业务涵盖乘用车、轻型商用车、多功能商用车、客车等产品,形成了节能汽车、新能源汽车、智能网联汽车共同发展的新格局。

（10）吉利新能源

GSG系统是一套可以在车辆从运动到停止时,自动关闭发动机的系统,从而起到降低油耗、减少排放、提高驾驶舒适性的作用,适合于经常在交通拥堵路况中运行或者需要频繁停车的车辆。

GSG是吉利"能源多元化"战略的重要组成部分,这种介于常规动力和混合动力之间的智能启停技术,在节油减排方面效果显著,而且在现阶段较之混合动力和电动车技术,其推广更具可行性和实用性。吉利GSG系统首先搭载于帝豪EC7车型,后续该技术将应用于吉利所有车型。

吉利正加大对新能源汽车的研发投入,随着企业发布"蓝色吉利行动",到2020年,90%以上的吉利汽车都是新能源汽车。

2014—2017年新能源车企销售情况见表2.8。

表2.8 2014—2017年新能源车企销售情况

Table 2.8 Sales of new energy viechle enterprise in 2014—2017

车企	2014年	2015年	2016年	2017年
比亚迪	1.85	5.89	10.01	11.37
北汽新能源	0.55	1.7	4.64	10.45
上汽乘用车	0.29	1.12	2	4.42
知豆	0.74	2.53	2.03	4.25
众泰	0.74	2.45	3.7	3.69
奇瑞新能源	0.98	1.41	2.09	3.41
江铃新能源	0	0.53	1.56	3
长安新能源	0	0.15	0.86	2.9
江淮新能源	0.27	1.04	1.84	2.82
吉利新能源	0.86	2.66	4.92	2.49

续表

车企	2014 年	2015 年	2016 年	2017 年
车企合计	6.28	19.48	33.65	48.8
全年合计	7.47	33.1	50.7	77.7
产业集中度	84.07%	58.85%	66.37%	62.81%

2.1.4 典型企业发展

1. 传统汽车

（1）吉利汽车

浙江吉利控股集团（简称吉利）于1997年进入轿车领域，以灵活的经营机制和持续的自主创新，取得了快速的发展，现资产总值超过340亿元，被评为首批国家"创新型企业"和"国家汽车整车出口基地企业"。吉利总部设在杭州，在浙江临海、宁波、路桥和上海、兰州、湘潭、济南等地建有汽车整车和动力总成制造基地，在澳大利亚拥有DSI自动变速器研发中心和生产厂，已具有年产60万辆整车、60万台发动机、60万台变速器的生产能力。专利旗下有帝豪、全球鹰和英伦三大品牌30多款整车产品，拥有1.0～1.8L全系列发动机及相匹配的手动/自动变速器。吉利注重开发和购买核心技术、引进关键技术人才，建立了开放式的与国际接轨的创新成果应用平台，以吉利汽车为载体，实现国内外大量的新发明、新专利、新材料、新工艺的产业化转化。为了提高轿车设计开发水平，吉利每年拿出6%左右的销售收入进行研发。

1）吉利并购沃尔沃

沃尔沃汽车公司成立于1927年，原是沃尔沃集团旗下子公司，于1999年4月1日以64.5亿美元出售给福特汽车公司，现已被吉利收购。在沃尔沃引以为傲的品质、安全和环保三大核心价值中，安全是沃尔沃强调最多的。自公司成立至今，已推出大量具有前瞻性的安全发明，其安全理念始终以关注人身安全为准则。

①吉利收购沃尔沃的过程

2009年12月23日，吉利成功收购沃尔沃，2010年3月28日在瑞典哥德堡签署最终股权收购协议，吉利以18亿美元的资金获得沃尔沃轿车100%的股权以及相关资产（包括知识产权）。2010年8月2日福特汽车正式把沃尔沃轿车资产交割给吉利，标志着我国民营企业最大规模的海外并购案走完法律程序。吉利并购沃尔沃轿车的具体过程见表2.9。

表2.9 吉利并购沃尔沃轿车的过程

Table 2.9 The process of Geely merger and acquisition of Volvo cars

时间	事项
2008年1月	吉利向美国福特提出收购沃尔沃的意向
2008年12月1日	福特宣布考虑出售沃尔沃
2009年1月	底特律车展上福特与吉利高层进行会晤
2009年3月	国家发改委批准吉利参与收购沃尔沃
2009年3月中旬	吉利聘请英国洛希尔公司竞购沃尔沃
2009年12月23日	双方就出售沃尔沃轿车项目达成框架协议
2010年3月28日	吉利与福特签署最终股权收购协议
2010年6~7月	吉利控股收购沃尔沃相继通过了美国和欧盟的反垄断审查
2010年7月15日	吉利宣布李书福将担任沃尔沃轿车公司董事长
2010年7月中下旬	吉利收购沃尔沃通过国家发改委的审批
2010年7月26日	吉利收购沃尔沃通过了商务部的审批
2010年8月2日	吉利和福特在伦敦签署交割协议，沃尔沃成吉利合资子公司

注：收集网上数据整理。

②吉利收购沃尔沃的动因

我国民营汽车企业的独特生存境况。长期以来，由于我国汽车产业中国企独大，加上汽车生产牌照难以获得，使得汽车产业具有浓厚的地方保护色彩。在国企、合资品牌的夹缝中，吉利等民营企业很难通过兼并国有汽车企业做大做强，因此，它们只能将视线投向海外，欧美市场抵制我国国有汽车业收购行为给了民营企业机会。吉利收购沃尔沃的目的是通过控制沃尔沃将其改造成为自主品牌，并通过沃尔沃强大的研发平台提升技术开发能力。

吉利寻找战略转型的出路。吉利从2001年拿到轿车生产资格开始，打出的口号是"造老百姓买得起的车"，以低价策略在国内市场上实现差异化竞争。低价的差异化竞争策略让新生的吉利在我国汽车市场上站稳了脚跟，但低价策略带来的低利润导致吉利股价在低位徘徊，而且导致吉利没有能力提高体系内的供应商层次，从而影响其质量水平。于是，2005年吉利高层开始思考公司的战略转型问题，但是当时企业的市场表现良好，所以并没执行战略转型。2007年，由于零部件采购价格上涨，企业成本增加，而整车价格却一直在降低。于是，同年5月，吉利开始了战略转型之路，首次提出不打价格战，明确企业核心竞争力将从成本竞争向品质竞争和全面领先转变。吉利汽车的品牌做出了新的调整，原有的"吉利"LOGO作为集团公司的品牌形象，而产品品牌分成三个：帝豪、全球鹰和上海英伦。对实力并不雄厚的吉利来说，让消费者摆脱对吉利品牌低价、低质的形象认知很重要。于是，吉利希望在安全技术上取得突破，这成为吉利战略转型最重要的主题。

沃尔沃的品牌和技术。获取品牌与技术是吉利收购沃尔沃的主要考虑因素，沃尔沃经历了80多年的发展，塑造了安全与环保的品牌形象。吉利希望利用沃尔沃在安全领域沉淀多年的技术与"最安全车"的品牌形象，来实现吉利品牌的新定位。吉利所看重的另一方面是沃尔沃技术研发团队的独立运营能力，在被整合进福特汽车的十年中，很多安全与环保方面的技术仍然由沃尔沃的研发团队来主导。另外，并入福特汽车后，沃尔沃已经全面融入福特的车型技术平台。出售沃尔沃，也就意味着福特在技术层面对吉利没有秘密可言。另外，沃尔沃遍布全球的生产基地、更多的车型平台、更复杂的经销商网络将带给吉利更多的系列化管理经验。

沃尔沃与吉利的互补性。沃尔沃轿车拥有成熟的品牌和技术，需要通过吉利对我国市场的深刻理解帮助其降低制造成本和打开我国汽车市场。沃尔沃长期亏损的原因有三：一是产销规模不够；二是长期处于福特集团旗下，失去主动发展的动力，决策速度也很慢；三是受金融危机影响，国际汽车产业整体处于低迷状态。沃尔沃将通过针对我国市场进行产品等调整，以其品牌知名度打开我国市场。

③吉利并购沃尔沃后所取的发展

除了股权收购外，沃尔沃轿车、吉利集团和福特汽车三方之间在知识产权、零部件供应和研发方面也达成了协议。这些协议充分保证了沃尔沃轿车的独立运营、继续执行既有的商业计划以及未来的可持续发展。吉利在并购一开始就强调和沃尔沃是"兄弟"关系而非"父子"关系，用平等关系给沃尔沃员工安全感，并且一再强调要让沃尔沃尽快实现盈利，承诺善待沃尔沃员工。并购完成后，沃尔沃轿车的总部仍然设在瑞典哥德堡，并保留沃尔沃轿车在瑞典和比利时现有的工厂，同时也将适时在我国建设新的工厂，使得生产更贴近我国市场。

沃尔沃轿车新任管理团队中，李书福出任沃尔沃轿车董事长，沃尔沃轿车前总裁兼首席执行官汉斯担任副董事长，斯蒂芬·雅克布出任沃尔沃轿车总裁和首席执行官。沈晖先生担任沃尔沃汽车全球高级副总裁兼沃尔沃汽车中国区董事长，将负责中国区的生产和商业运营等；柯力世博士任沃尔沃汽车中国销售公司首席执行官。盖里基尼任全球高级副总裁，将依然负责督导沃尔沃汽车在中国市场的市场开拓、销售和售后服务。沃尔沃轿车的管理团队将全权负责沃尔沃轿车的日常运营，继续保持其在安全环保技术上的领先地位，拓展其在全球100多个市场的业务，并推动其在我国市场的发展。沃尔沃汽车中国销售公司将在市场拓展、产品开发和生产制造等方面获得来自总部的更多支持。

如图2.3所示，完成并购后，沃尔沃2010年的全球销量明显增长，并购后的积极效应已经显示出来，并且2010年沃尔沃已经开始盈利。但是从2000年起的历年销量数据来看，在金融危机之前，沃尔沃往年的全球销量均超过40万辆，随着金融危机对汽车产业负面影响的呈现，自2008年起沃尔沃的年销量跌破40万辆，在日后的发展中还有较大的增长空间。在沃尔沃的全球十大车市2009—2010年的销量中，除美国市场2010年销量与2009年销量相比呈现下降外，其他九个市场的销量均呈上升态势，中国市场的销量目前名列第四，其销量与美国市场相比还有很大的差距，这将是日后努力的方向。

吉利并购沃尔沃之后，需要进一步吸收其思想和智慧，坚持其眼光，实现从真正意义上拥有沃尔沃；需要很好地消化沃尔沃的核心技术使之能为己所用，另外还需处理好其福利问题、两种文化的融合问题，提升自己对一个国际品牌的整合能力等。

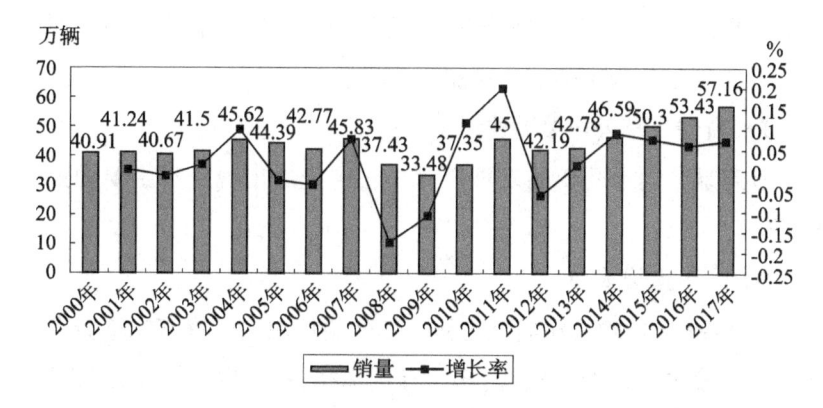

图2.3　沃尔沃2000—2017年全球销量

Fig. 2.3　Volvo's global sales（ten thousands）2000—2017

资料来源：作者收集网上数据整理。

2）吉利其他并购行为

2017年11月，吉利收购美国飞行汽车公司太古飞车Terrafugia的全部业务和资产。吉利的第一代飞行汽车将于2019年在美国批量生产。太古飞车于2006年由5位麻省理工学院毕业生创立，2009年发布第一款飞行汽车Transition，吉利从传统汽车公司转变成出行高科技公司。

2017年，吉利还并购了宝腾汽车和英国路斯特。

2018年，吉利收购戴姆勒6.87%的股份，直接成为第一大股东，科威特投资局拥有6.8%的股份，贝莱德拥有6%的股份。

（2）奇瑞汽车

奇瑞汽车股份有限公司（以下简称奇瑞公司）于1997年1月8日注册成立，注册资本为32亿元，1997年3月18日动工建设，1999年12月18日，第一辆奇瑞轿车下线。2007年8月22日第100万辆汽车下线。2009年，奇瑞公司发布了奇瑞开瑞、瑞麒、威麟三大新的子品牌，宣布奇瑞开始执行多品牌战略，曾经"奇瑞"品牌是奇瑞全部车型的代名词，然而从2009年开始，"奇瑞"品牌不再涵盖所有车型，它和开瑞、瑞麒、威麟一起，组成"大奇瑞"品牌。其中，"奇瑞"品牌定位为大众型乘用车；"开瑞"品牌定位为开拓乡镇市场的小型微客；"瑞麒"品牌定位为中高端轿车市场；"威麟"品牌则定位为中高端多功能商务车型。

1）奇瑞汽车公司渠道建设发展历程

在奇瑞公司十几年的发展历程中，曾先后出现以下主要的渠道模式。

① 4S渠道模式

从1997年奇瑞公司成立之初，就开始使用当时汽车制造企业常用的渠道模式，即4S渠道模式，直到2004年年底渠道中出现了严重的冲突现象之后才取消了此模式。

4S渠道模式的具体做法。在2005年1月以前，奇瑞公司按照当时国内大部分合资汽车厂家的分销模式建立了专卖店（整车销售、售后服务、零部件供应、信息反馈四位一体的4S店）。但奇瑞公司的专卖店有三种形式："四位一体"的4S店、做销售功能的3S店和专做售后服务的1S店。该分销模式主要是按国内合资厂家模式建立起来的，但由于奇瑞公司和这些合资公司在市场上存在明显不同的特点，如企业经营管理能力、经销商实力、市场环境等因素不同，所以在实行相同的专卖店分销模式时会出现不同的市场反应。2004年，在全国汽车行业整体出现27%的增幅的情况下，奇瑞销量却出现了10%的下降，由2003年的9.3万台下降到2004年的8.4万台，市场排名由第7名降到第11名。与此同时，合资品牌整体销量同比增长 65%，国内市场占有率上升到 90% 以上。

4S 渠道模式中出现的问题。随着奇瑞公司的不断发展，4S 渠道模式运作一段时间以后，奇瑞公司渠道中逐步出现了以下一些问题：

经销商不愿意开发周边市场，也不愿意采取任何市场推广行动。因为即使是开发好了的市场也不一定属于自己，消费者完全有可能去其他经销商那里购车。因此，经销商没有开发市场的积极性。

在一个城市中同一车型有多个经销商，相互之间以价格战的形式进行恶性竞争。而且每个经销商都集中力量去销售畅销的车型，而对于那些相对不太畅销的车型或新车型则缺乏销售的积极性，这极大地影响了奇瑞品牌战略的实施。这也是导致 QQ 车型在市场上一枝独秀而其他车型销售不佳的根本原因。此外，不同档次的车型放在同一大厅也不利于差异化销售，如 QQ 的顾客群和东方之子的顾客群差别相当大。

有一部分经销商伴随着奇瑞公司的发展而逐步发展壮大，但后来由于竞争激烈，他们中有相当一部分开始兼营其他品牌，甚至有的经销商脱离了奇瑞公司而加入其他品牌的行列，因此奇瑞公司需要与经销商建立相对稳固的合作关系。

②分网销售渠道模式

为了解决以上在渠道中出现的问题，为了品牌的发展并能与客户进行深入的交流，更为了开拓市场和寻求长期的合作伙伴，从 2005 年 1 月开始，奇瑞公司着手对销售渠道进行重大调整，重点推行了分网销售和品牌专营制度。分网销售要求经销商只能代理奇瑞公司的某个品牌，以提高单个品牌销售额。实现分网销售品牌专营是要求经销商只销售奇瑞品牌。

分网销售的具体措施。所谓分网，即汽车厂商将旗下不同系（品牌）的汽车，授权给不同经销商进行独立销售的渠道模式。由于国外汽车制造企业发展历史较长，分网销售是常用的渠道方式之一，但是在国内奇瑞公司则是这种渠道模式的首位尝试者。

2005 年后奇瑞公司进行分网时采取的主要措施有：

奇瑞公司将现有车型划分为 S 系列（QQ）、A 系列（风云和旗云）、B 系列（东方之子）、T 系列（瑞虎）四大系列。将这些车型分成两张网，一张网销售 ST 系列车，也就是 QQ 与瑞虎这两款车放在同一个经销店里销售；另一张网销售 AB 系列车，主要是东方之子和风云这两款车型。

奇瑞公司分配品牌的依据是经销商的实力。具体方法就是通过竞标方式，经销商上报自己期望销售的车型、目标销售量，随后厂家进行分配。

减少销售网络中一级成员的数量，增加市场覆盖面。要求每一个区域只容许一家销售 AB 系列车的一级经销商和另一家销 ST 系列车的一级经销商，所以每个区域最多只有 2 家一级经销商。如果一个地区只有一家奇瑞的 4S 店，那么此店可以销售奇瑞所有的车型。如果某个区域内没有奇瑞一级经销商，其他区域的经销商可以在那里建店。

在实行专卖店的基础上，建立二级代理销售制。奇瑞公司所有的一级经销商都必须互为二级代理。对于经销商而言，一级经销商和二级经销商的最大不同就是奖励方式。一级经销商在销售自身代理的车型时，可按双方拟定的条款进行阶梯式返利；二级经销商仅能获取销售奖励提成，其销售业绩将被计入该车型一级经销商名下。一级经销商享受的是奇瑞公司的统一销售政策，二级经销商则根据自身的销量和能力受到一级经销商的管理。

在分网销售的基础上建立了一系列严格的规章管理制度。为了保证分网销售取得成功，奇瑞公司采取了一些市场网络管理、经销商管理和服务支持的措施。

分网销售后取得的效果。分网销售使得奇瑞公司的渠道系统得到了进一步的优化。由于分网销售，奇瑞公司具备了在同一地区选择不同销售平台的机会，授权经销商范围的扩大保证了奇瑞公司的运行效率。具体来说体现在以下三个方面：

一是奇瑞公司采用在一个地区一款车型只选择一个总经销商的

方式，其他经销商成为其二级代理，这样一个城市的经销商相互之间便形成了"互为二级代理"的关系。这样每个经销商在某款车型上拥有足够的定价权、市场推广权，经销商的利润得到了保证。

二是奇瑞公司实行分网销售后，改变了经销商之间价格战的恶性竞争局面，经销商开始注重售后服务，使售后服务水平得到大幅度的提高，从而提升了客户满意度。

三是通过分网销售，奇瑞公司进一步提升了产品的质量，因为分网销售模式需要树立起每个品牌的良好社会形象，从而进一步促进奇瑞公司对产品质量的重视程度。

分网销售后带来的新问题。分网销售很好地解决了以前在渠道中存在的水平冲突与垂直冲突，但是又出现了一些新的问题，主要有：

市场培育速度慢，不利于新产品上市后迅速占领市场。2005年，奇瑞公司将东方之子（A）和旗云（B）绑在一起组成AB系列一张网，同时将QQ（S）和瑞虎（T）放在一起组成ST系列另一张网，公司主要是靠这两张网来销售产品。随着奇瑞公司的迅速发展，2005年年底公司拟上市大量新产品，公司准备组成第三张和第四张网。由于每个区域每个系列的经销商只能有一家，招募进来的第三张和第四张网大部分都是新经销商，这些新经销商对奇瑞公司企业理念文化的了解需要一个过程，同时他们的实力相对较弱，因此不利于新产品上市后迅速占领市场。

市场拓展困难，消费者购车不方便。在分网销售模式下，部分经销商确实获得了某一车型的销售权，但在这样的局部垄断情况下，市场拓展却是一件相对困难的工作。同时这种分网销售模式给消费者带来了不便，如果一个消费者要购买QQ，但是他到了一家瑞虎的经销商那里，销售人员会向其重点推荐瑞虎产品，甚至在瑞虎的经销商那里没有QQ车型的样车，从而增加了客户流失的可能性。

因为利润与竞争的原因，大部分经销商不愿销售二级代理车型。一方面，作为二级经销商从一级经销商处提车的成本价。另一方面，由于经销商之间的竞争关系，而不愿意为竞争对手多卖车，甚至还会出现销售人员为了推销自家车型而诋毁代理的二级车型，从而不利于奇瑞公司树立统一、良好的品牌形象。

分网销售模式引起经销商之间的矛盾，从而影响厂商的关系。一方面，厂家一般根据经销商的实力来分配其经销车型。实力强的经销商分配到比较畅销的车型，而实力相对比较弱的只能选择其他的车型，这样经销商之间就出现了矛盾，实力相对较弱的经销商会直接迁怒于厂家，抗议这种不公平的待遇。另一方面，经销商资金回笼难的问题也比较突出。建立一个品牌4S店，经销商往往要投入几百万元甚至更多的资金，经销的品牌单一，利润的空间自然也小，庞大的资金回收周期长，经销商的利益受到损害，就会增加对厂家的不满。

③直营店销售方式

2005年，奇瑞公司在销售欠佳的广州建立了第一个厂家直营店，之后由于广州市场表现提升比较快，奇瑞公司很快就把直营店转给当地的经销商来运营。作为推动市场的一种方式，直营店存在的时间并不长。2007年7月，为了更好地推动浙江市场的发展，奇瑞在杭州建立了第二家直营店。这个直营店经营的效果非常好，不仅直接带来销量的增长，还大大提高了当地经销商的积极性，为当地市场注入了极大的活力。后来又由于2006年江苏市场上奇瑞车型的销售量达不到奇瑞公司全国的年平均增长水平，于是2007年10月奇瑞公司在南京的直营店开业。奇瑞公司除了重资营建南京直营店外，还抽调优秀的销售人员给予支持。南京直营店对当地市场起到了很好的推动作用。在表现欠佳的市场，奇瑞公司采用这种直营店来帮助当地经销商进行市场开拓，因此直营店是其他渠道模式重要的补充形式。

④奇瑞汽车城渠道模式

2007年年初，作为对分网渠道模式的补充，奇瑞公司推出了另一创新的渠道模式，提出了建立超级4S店集群的"纵横中国"计划。这是在中国首次出现的单品牌汽车城，奇瑞公司计划于2007年在全国共规划20个汽车城。经销商只要有一张独立营业执照、一个独立4S店、一个独立的组织机构、一笔独立且封闭的运营资金就可以申报奇瑞汽车城，不受一个企业只能代理一个事业部产品的政策影响。这种设置若干个经销不同奇瑞产品的销售大厅，配备统一的服务及配套设施，成为"品"字布局的奇瑞汽车城。奇瑞汽车城的功能在4S店功能外继续向外延伸，为用户提供保险、上牌、客户联谊等"一站式"的附加服务。

之所以称为"纵横中国"，是因为从地理方位上，奇瑞公司在整个中国市场进行了新一轮的营销版图布局：纵线是指北起哈尔滨，通过长春、沈阳，顺延102国道到达北京，再沿着107国道南至深圳、东莞、广州。横线则是东始上海，向西延伸，沿着312国道一直到达乌鲁木齐。2007年4月，奇瑞公司第一个中国汽车城在西安开业，5月，北京、上海的两个汽车城同时开业，随后其他的汽车城陆续建立起来。

当时预期在这两条线上，在2007年年底有20个奇瑞汽车城完工，其中15个可投入营运。截至2008年3月，已经建成并投入运营的奇瑞汽车城仅有7家，横线上有3家，分布在西安、苏州和上海，纵线上的4家分布哈尔滨、北京、郑州和南宁。最后没有按计划完成的原因是奇瑞公司将战略的重心从销售转移到了服务及品牌形象上。

2）奇瑞汽车公司渠道策略分析

无论是分网销售、直营店还是汽车城，无不体现奇瑞公司的渠道创新策略，总体来说主要表现在对经销商价值的提升和对消费者价值的提升两个方面。

①经销商价值提升策略

从2005年3月到2007年3月，奇瑞公司采取两大措施来实现经销商价值的全面提升，其一是通过在企业内建立独立销售部门，管理独立的销售渠道，4大销售部对9大系列产品进行销售管理，通过稳定市场秩序，实施分网销售和经销商—工厂系统订单管理模式，创造良好的竞争环境，使得奇瑞公司经销商的实力升级，从而为消费者提供更好的服务。

其二是经销商分级管理。根据奇瑞区域网络规划和城市分类，对不同类别的城市规划品牌经营组合，引导和促进销售服务商与奇瑞公司的同步发展，并充分保障老经销商的利益，实现其优先发展，以实现对终端细分市场的深度开发，促使雁队结构的最终形成。雁队结构的形成是根据经销商的年销售额，将经销商分为普通级、银级、黄金级、白金级、钻石级五种级别进行管理，将五种级别的数量排序后，形成的一个类似雁队的结构趋势，如图2.4所示。

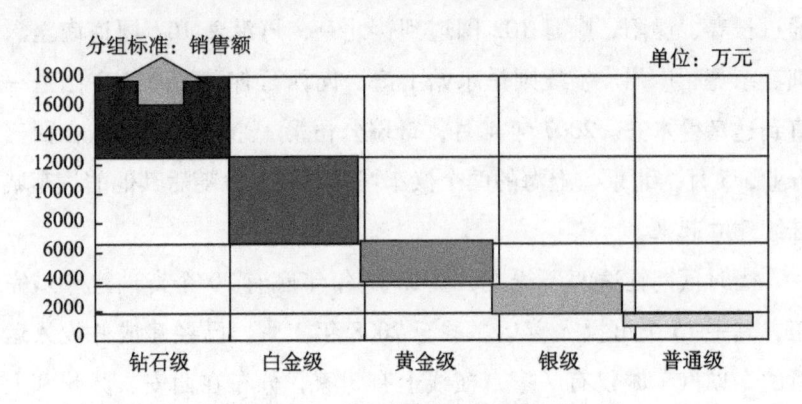

图2.4 奇瑞经销商分级图

Fig. 2.4 Chery dealer grading chart

②消费者价值提升策略

从2007年4月以后，奇瑞公司通过对新渠道的开发以及对分销渠道的合理规划经营，实现从4P到4C的转化，提升消费者的价值。提升消费者价值可以通过创新渠道补充模式、增加新分销方式和创新大区模式三大主要战略模块来实现。

创新渠道补充模式。由于经销商团队整体的发展，原钻石级经销商团队进一步分化，为了更有效地描述此级别经销商的特征，在钻石级经销商的基础上根据销量或销售额（年销量超过1万辆或销售额超过4.8亿元），新划分出超钻经销商，并给予重点扶持，树立标杆，以此建立单品牌4S店集群——奇瑞汽车城，全面提升服务能力和品牌形象。奇瑞汽车城是奇瑞产品的4S店集群，除了具备4S功能外，还为消费者提供保险、上牌、客户联谊等附加功能的一站式服务。

这样做有三方面的作用：其一，奇瑞公司进一步支持经销商做大做强，吸引更多的全国一流经销企业加盟，使奇瑞公司销售渠道竞争力进一步加强，成为其核心竞争力之一；其二，奇瑞汽车城的功能将在4S店的功能外继续延伸，使奇瑞的服务更加集约化，大大加强后市场功能，用户将得到更多的附加价值；其三，经销商整体素质将进一步得到提升，从而促进奇瑞品牌价值的提升。

增加新分销方式。互联网已成为重要的信息传播渠道，其影响力日益扩大。以奇瑞A1为例，根据奇瑞A1的定位，其客户多为年轻白领或时尚人士，故采用网上的订购和消费者—工厂订单模式。奇瑞A1这种的订单模式，对市场的预测更加科学、准确，使企业能更好地控制其物流和资金流，缩短了供货周期，实现了企业信息流、物流与资金流"三流合一"的目标，从而使消费者从中获益。A1这种新分销方式也可以供奇瑞公司其他品牌借鉴，如图2.5所示。

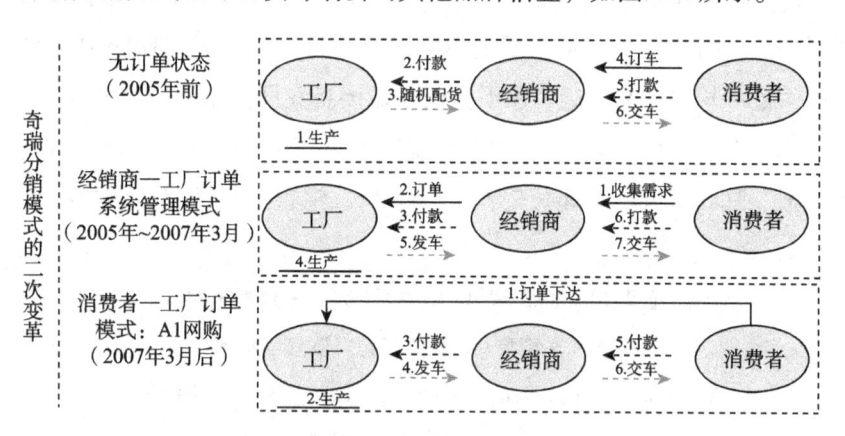

图2.5　奇瑞分销模式中各时期的订单模式

Fig. 2.5　Order patterns in Chery distribution for different period

创新大区模式。奇瑞公司进行大区管理时，对内部组织进行改革,建立了全新的运营管理部,替代原本的大区经理,运营管理部也具有了新的职能,立足于消费者,以提升消费者满意度为工作目标,对经销商进行能力培训和制定服务标准。创新大区模式统一了经销商服务标准,强化了服务体系,提升了经销商的服务水平,最终提高了消费者满意度(刘宇,马卫,2011)。

(3)一汽、东风和长安的供应链协同

2017年12月1日,中国第一汽车集团公司(简称"中国一汽")、东风汽车集团有限公司(简称"东风汽车")、长安汽车集团有限公司(简称"长安汽车")在湖北武汉签订战略合作框架协议,打算通过3家公司的供应链协同,逐步实现供应链升级,这是我国汽车供应链协同升级的标志性事件。

1)互换高层管理者

2015年5月,中国一汽和东风汽车的高层进行了对调,徐平从东风汽车董事长调任中国一汽董事长,与他对调岗位的是中国一汽原董事长竺延风。

2017年8月初,中国一汽和长安汽车的高层进行了对调,临时主持中国兵器装备集团工作的公司总经理、党组副书记徐留平与中国一汽集团董事长、党委书记徐平对调单位,徐留平担任中国一汽集团董事长、党委书记,徐平担任兵器装备集团董事长。历时3年,中国一汽、东风汽车、长安汽车高层进行了互换。2015—2017年,中国一汽、东风汽车和长安汽车董事长、党委书记任职变动情况见表2.10。

表2.10 2015—2017年中国一汽、东风汽车和长安汽车董事长、党委书记任职变动情况

Table 2.10 The chairman change table of FAW, DFMC and Changan automobile 2015—2017

时间	中国一汽	东风汽车	中国兵器装备集团(长安汽车)
2007年12月以前	竺延风		
2015年5月以前		徐平	

续表

时间	中国一汽	东风汽车	中国兵器装备集团（长安汽车）
2015年5月		竺延风	
2015年5月~2017年7月	徐平		
2017年8月以前			徐留平
2017年8月	徐留平		徐平

2）签订协同契约

2017年2月17日，中国一汽和东风汽车在长春签署了战略性框架协议，双方计划共建前瞻性共性技术创新中心，合作内容包括车载智能网联、燃料电池、车身轻量化等方面。

2017年8月28日，中国一汽和长安汽车达成共识，确认合作的领域包括零部件采购、产品研发、新能源汽车、物流仓储和海外布局等。同时认为还要加强供应链管理领域的交流和学习。

2017年12月1日，中国一汽、东风汽车和长安汽车签订了战略合作框架协议，明确3家公司合作的领域：前瞻性共性技术协同创新、汽车供应链关键节点协同、海外市场开拓协同、未来商业模式协同。另外，3家公司还进一步加强了宏观政策及产业发展研究，创新合作机制，共谋全球研发布局。

3）确定协同领域

①前瞻性共性技术

3家公司积极参与智能网联汽车国家创新中心的组建，并且3家公司共同创建"前瞻共性技术创新中心"，通过联合投资与开发，最终实现技术成果共享。

②汽车供应链关键业务流程

3家公司在传统整车平台和动力总成等方面进行协同研发、协同采购、协同制造、协同物流等。

③海外营销资源

在"一带一路"倡议指导下，3家公司探索在海外渠道资源、海外战略合作伙伴、海外制造资源、国际物流等方面的深度合作，实现海外市场开拓过程中营销资源的协同。

④未来商业模式

在物流网、智能技术等先进技术驱动下，未来汽车运营的商业模式是大家共同面对的课题，3家公司将加强汽车共享、出行服务、汽车产业新生态的前瞻性研究与合作，探讨在供应链金融领域的协同，共同参与智慧城市和智慧交通的建设。

2. 新能源汽车

（1）长江汽车与福田汽车合作

2018年4月15日，杭州长江汽车控股有限公司与福田汽车在北京车展签订战略合作协议，在新能源汽车的研发、技术、销售等领域合作。在汽车电子、智能汽车和整车研发等领域合作。

（2）广汽与蔚来

2017年12月28日，广汽与蔚来在广州举行战略合作暨新能源汽车项目签约仪式。根据合作协议，双方将在智能网联新能源汽车产业技术研发、零部件生产、运营等方面开展合作。双方共同出资设立广汽蔚来新能源汽车科技有限公司，合资公司规划总投资12.8亿元，注册资本5亿元，其中广汽、蔚来占比分别为45%、55%。

广汽集团在传统汽车生产制造、产业链集成整合方面拥有丰富的经验，具备创新的自主研发能力，可快速推出智能化、平台化、模块化的新能源系列产品。作为国内首家实现A+H股整体上市的大型国有控股汽车集团，目前已形成以整车（汽车、摩托车）制造为中心，涵盖上游的汽车研发、零部件和下游的汽车商贸服务、汽车金融等完整的产业链条，广汽集团在新能源汽车方面已形成了插电与纯电两大平台产品系列，在无人驾驶汽车研发方面也居于全国前列。

蔚来在新能源汽车产品研发、车辆智能网联、产品销售和服务方面及以全程用户体验为核心的商业模式上具有丰富的储备。蔚来是一家全球领先的电动汽车公司，生来就具有移动互联基因精神，并始终以坚持产品技术研发和打造极致用户体验为核心。凭借强大的全球研发实力，蔚来在三电、智能化、轻量化、能源管理的技术研发及相关成本优化等领域不断取得突破，并逐渐将先进技术运用于面向大众消费市场的产品。2017年12月，高性能智能电动7座SUV蔚来ES8已正式上市。

合创公司拥有很强的独立性，并很可能具备推出"子品牌"和生产子品牌新车的权限。生产方面，因为此前广汽集团有建设广汽智联新能源汽车产业园的项目，2018年12月23日，广汽智联新能源汽车产业园迎来首期工程——广汽新能源智能生态工厂20万产能项目的竣工。

（3）小鹏汽车

小鹏汽车成立于2014年，总部位于广州，是广州橙行智动汽车科技有限公司旗下的互联网电动汽车品牌，由何小鹏、夏珩、何涛等人发起，团队主要成员来自广汽、福特、宝马、特斯拉、德尔福、法雷奥等知名整车与大型零部件公司，以及阿里巴巴、腾讯、小米、三星、华为等知名互联网科技企业。

2017年10月12日，小鹏汽车首款量产车型正式下线，在互联网造车行业中率先实现量产。小鹏汽车成为中国互联网造车新势力中首家产品取得国家工信部产品公告并率先实现量产的互联网汽车公司。2017年10月23日，小鹏汽车宣布前特斯拉技术专家谷俊丽将出任小鹏汽车自动驾驶研发副总裁，全面负责小鹏汽车自动驾驶研发团队的创建，领导人工智能创新和自动驾驶软件的研发。

2018年1月，小鹏汽车交付了39辆新车，并成为首家进入乘联会新能源车销量榜的互联网造车企业。1月10日，小鹏汽车G3车型在美国CES国际电子消费展上全球首发。1月29日，小鹏汽车正式宣布启动22亿元人民币的B轮融资，获得阿里巴巴、富士康和IDG资本的联合领投，在B轮融资完成后，小鹏汽车在资本市场的资金将超过50亿元人民币。3月1日，小鹏汽车宣布摩根大通亚太区投行主席顾宏地正式加盟，出任副董事长兼总裁。3月7日，小鹏汽车的首座超级充电站在广州建成。

(4) 威马汽车

威马汽车（WM Motor）成立于 2015 年 12 月（前身为联合创始人杜立刚的三电系统研发企业，成立于 2012 年），是国内新兴的新能源汽车企业及出行方案提供商，创始人为前吉利控股集团副总裁、沃尔沃全球高级副总裁兼沃尔沃中国区董事长沈晖。

威马汽车基于全球人才、科技、研发、制造及产业链资源，致力于为中国消费者提供完善、便捷、舒适的出行体验。WM 是德文 Weltmeister 世界冠军单词的缩写，威马汽车的目标是制造一台高品质、高可靠性、有良好用户体验的"世界冠军"级别的主流智能汽车，并围绕产品构建新型智慧出行方案。2016 年年底，公司总人数已超过 600 人，其中 70% 来自传统车企，30% 来自互联网行业，分布在德国、上海、北京和成都。

2.1.5 我国汽车产业发展中存在的问题

我国汽车产业发展中存在的问题主要是技术薄弱、品牌价值低下、国际竞争力不足、产业集中度不高。

1. 技术薄弱

我国汽车产业中货车企业具备较强的自主研发能力，而轿车企业自主研发能力不足、技术水平低，严重制约了我国汽车产业的发展。国内众多轿车企业生产的主要车型中，仅有奇瑞和吉利等是自主品牌，其余均为引进车型。很多汽车企业在发展过程中急功近利，重视眼前经济效益，忽视自主研发能力的培养和自主品牌的创建，造成了我国自主品牌汽车企业的弱小。

2. 品牌价值低下

(1) 品牌价值排名

2018 年 2 月，英国 Brand Finance（品牌价值及战略咨询公司）公布了 2018 年全球最有价值品牌 500 强名单，我国仅有哈弗汽车和吉利汽车两个品牌上榜，分别排在第 249 位和第 291 位，品牌价值分别为 68 亿美元和 60 亿美元，与品牌价值为 439.3 亿美元的奔驰汽车分别相差 371.3 亿美元和 379.3 亿美元。可见我国汽车品牌价值还有很大的提升空间。全球最有价值汽车品牌排行榜见表 2.11。

表 2.11 2018 年全球最有价值汽车品牌排行榜

Table 2.11 The world's most valuable car brand list in 2018

品牌名称	品牌价值（亿美元）	排名	品牌名称	品牌价值（亿美元）	排名
奔驰	439.3	15	日产	193.76	68
丰田	437.01	16	保时捷	190.55	71
宝马	417.9	17	福特	172.94	83
大众	336.7	28	哈弗	68	249
本田	221.32	52	吉利	60	291

注：仅列出了前 100 名中的汽车企业和进入 500 强的中国汽车企业。

（2）自主品牌汽车销量情况

2009 年以来，由于吉利、奇瑞、比亚迪等自主品牌汽车企业的崛起，各合资汽车企业也纷纷推出自主品牌汽车。通过对上汽、东风汽车、中国一汽、长安汽车、北汽、广汽六大集团 2017 年自主品牌汽车销量的对比，发现六大集团中中国一汽总销量排第 3，自主品牌汽车销量排第 6，自主品牌销量占比排第 6。东风汽车总体销量排第 2，自主品牌汽车销量排第 2，自主品牌销量占比排第 3。长安汽车总体销量排第 3，自主品牌汽车销量排第 1，自主品牌汽车销量占比排第 1。可以看出，自主品牌建设方面做得最好是长安汽车。六大集团 2017 年自主品牌销量见表 2.12。

表 2.12 六大集团 2017 年自主品牌汽车销量情况

Table 2.12 Sales of self-banded vehicle in six group in 2017

企业名称	2017 年销量（万辆）	2017 年旗下自主品牌汽车销量（万辆）	2017 年旗下自主品牌汽车销量占比
上汽	648.9	32	4.93%
东风汽车	427.67	89.6	20.95%
中国一汽	314.7	10.7	3.40%
长安汽车	306.34	128.4	41.91%
北汽	284.7	45.7	16.05%
广汽	165.5	37.2	22.48%

3. 国际竞争力不足

从 2009 年开始，我国汽车产销量位居世界第一，但是我国生产的汽车主要是在国内市场销售，国外市场的销量很低，缺乏国际竞争力。2012 年，我国汽车出口量首次突破百万辆大关，实现出口 105.61 万辆，然后又是几经波动。2017 年，我国汽车出口 89.1 万辆，占全年总销量的 3.09%，并且这些汽车被分散地销售到全球 100 多个国家和地区，出口到一个国家的汽车批量很小，远未形成规模。出口的汽车以中低档车型为主，出口的市场主要是发展中国家和地区，大部分企业出口战略不明确，海外销售服务体系不完善。其中 2014 年表现最好，出口量占全年总销量的 6.07%，2012—2017 年我国汽车出口情况见表 2.13。

表 2.13　2012—2017 年我国汽车出口情况

Table 2.13　Chinese vehicle export in 2012—2017

	2012 年	2013 年	2014 年	2015 年	2016 年	2017 年
出口量（万辆）	105.61	97.73	142.6	75.5	81	89.1
全年总销量（万辆）	1930.64	2198.41	2349.19	2459.8	2802.82	2887.89
比重	5.47%	4.45%	6.07%	3.07%	2.89%	3.09%

4. 产业集中度不高

国际公认的汽车经济规模是 200 万辆，2017 年，我国只有五家汽车企业的销量突破 200 万辆，其中上汽集团为 684.9 万辆、一汽集团为 314.7 万辆、东风公司为 412 万辆、长安公司为 283.66 万辆、北汽集团为 213.7 万辆，这五家企业的销量占总体销量的 66.1%。由于历史原因，我国几乎每个省都有汽车企业，因此产业集中度很低，为了争夺市场，这些企业之间内耗严重，造成了很多资源的浪费。2013—2017 年我国汽车产业集中度情况见表 2.14。

表 2.14　2013—2017 年我国汽车产业集中度情况

Table 2.14　Chinese automobile industry concentration degree in 2013—2017

单位：万辆

汽车企业	2013 年	2014 年	2015 年	2016 年	2017 年
一汽	290.84	308.61	284.39	310.6	314.7
东风	353.49	380.3	387.25	427.67	412
上汽	507.33	561.99	590.2	648.89	684.9
北汽	211.11	240	248	284.7	213.7
长安	220.33	138.63	278.14	306	283.66
五大集团合计	1583.1	1629.53	1787.98	1977.86	1908.96
全国销量	2198.41	2349.19	2459.8	2802.82	2887.89
产业集中度	72.01%	69.37%	72.69%	70.57%	66.10%

2.2　我国汽车产业升级制约因素

2.2.1　企业家精神

1. 企业家精神的内涵

企业家精神的内涵主要体现在爱国精神、创新精神、偏执精神和冒险精神四个方面。

爱国精神指的是对民族和国家的忧患意识；对民族和国家的自信心和自尊心；对企业的无私奉献精神；肩负自主创新以振兴行业的历史使命感。创新精神是企业家精神的核心，创新是企业持续发展的根本，创新是企业在发展中不断对旧的扬弃以非常规的方式配置企业的有效资源，推动企业的运行，从而获得巨大的成功。偏执精神源自英特尔前 CEO 安迪一·葛洛夫提出的只有偏执狂才能生存，这里的偏执精神指的是强烈的危机意识；打破现有优势造成不平衡；不妥协、不放弃的精神。冒险精神指的是敢于且勇于承担风险的精神，善于发现机会中的价值，指向未来的精神。

2. 自主创新绩效的内涵

自主创新是起源于自主创新意识，经过自主创新投入，产生自主创新活动，然后有自主创新产出，最终实现自主创新绩效的过程。自主创新意识包括爱国精神、创新精神、偏执精神和风险意识，是企业家精神在意识形态的反映。自主创新投入主要是企业在自主创新的过程中对人、财、物的投入。自主创新活动包括技术创新、生产制造创新、营销创新、服务创新和管理创新，这些创新活动既包括企业内部的自主创新，又包括与外部环境密切相关的分布创新和开放创新。自主创新产出包括新产品、专利、专有技术与知识和经验的储备及能力的提升。自主创新绩效包括市场占有率、销售增长率和品牌价值。自主创新绩效与企业家精神的结构图如图2.6所示。

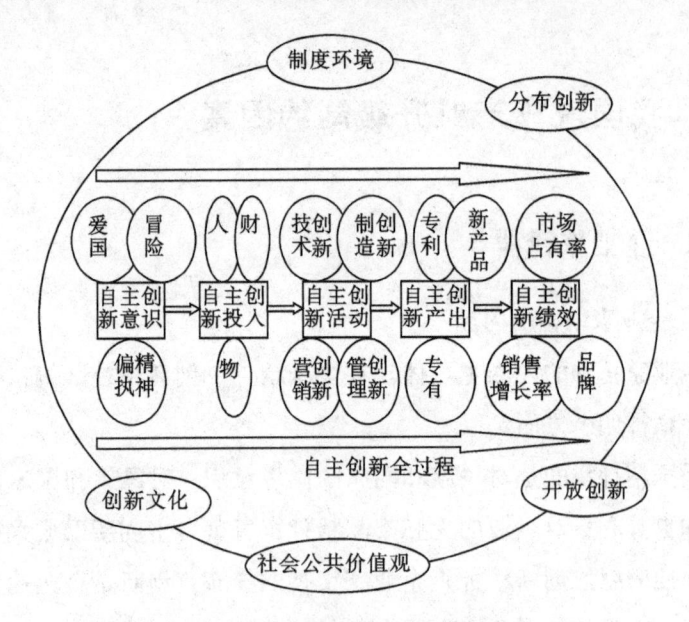

图 2.6 自主创新绩效与企业家精神的结构图

Fig. 2.6 Structrual chart of independent innovation and entrepreneurship

3. 我国自主品牌汽车企业中的企业家精神

我国汽车自主创新方式有"南坡北坡"一说，南坡理论指的是通过合资方式较轻松的上山之路。北坡理论则是通过自主创新方式较艰辛的上山之路,从南坡爬上山顶插上的是别国的国旗,从北坡爬上山顶插上的是中国的国旗。下文选取奇瑞汽车公司、吉利汽车公司和比亚迪汽车公司这三家企业作为我国自主品牌汽车企业的典型代表,来研究企业家精神与自主创新绩效的关系。

(1) 奇瑞的小草房精神

小草房精神的实质就是在竞争对手的能力以及企业自身的目标超出了现有的物质、技术条件时,"有条件要上,没有条件也要上"的艰苦奋斗精神。事实上,小草房精神正是对追求逐步缩短与国际一流企业的能力差距这种愿望的一种真实写照。奇瑞领导集团的主要人物,在早年"身处草莽"之时,就强烈地怀有使中国成为世界汽车大国的"梦想",创业之初遇到技术困难时,以"干不成,跳长江"的气概,依靠自主发展的精神,奋发图强,终于起死回生。奇瑞走上"自主创新"之路,主观上是其领导集团执着地追求"汽车强国之梦"使然,客观上则是"被逼出来的",一直坚持发扬自立自强、创新创业的企业精神。奇瑞从其开端就凭借创业者核心团队的决心和意愿入骨地植入了"自立、自强、创新、创业"的创新精神基因,而后则把这种基因放大,弘扬为企业的一种创新文化。奇瑞人仍始终以"自立、自强、创新、创业"为核心的永远的"小草房精神"激励、鞭策公司管理层和广大员工。芜湖市委书记詹夏来是奇瑞创业的带头人,他总结了奇瑞的基本精神:"作为创业者,要具有钢铁般的意志,大海般的胸怀,冰山般的冷静,初恋般的激情!"

(2) 吉利的疯子精神

吉利的创始人李书福被称为汽车疯子,类似于葛洛夫所谓的偏执狂,他铁了心要造车,而且高调前行,只求一败。他可以被"击毙",但不能被"击垮"。他的疯子战略体现在"拳无招数,牌无章法",把原来的游戏规则视若无物。疯子精神更是一种专注,一说造车便心无旁骛,遇到再大的困难也一门心思往前冲。他的理念是造老百姓买得起的汽车,从而扛起了我国民族汽车工业的大旗。

（3）比亚迪的技术派精神

在本土企业家身上或多或少有些技术恐惧症，而比亚迪的创始人王传福则以打破技术恐惧症而著称。对技术从没有恐惧，既是熟悉王传福的人对他的评价，也是比亚迪十几年来形成的一种内部文化。在比亚迪内部，有一个多达上百人的知识产权部，它的一个重要职责就是对比亚迪的各个产品事业部进行监督，随时提出哪些技术是别人的专利，必须规避。学会打专利战是每一个技术型企业成长的必修课。

4. 企业家精神对技术创新的影响

任何企业都是存在于社会中，所以企业家精神与自主创新的绩效也是在一定的环境背景下的产物，以下分别分析内部环境下企业家精神与自主创新绩效、企业家精神与外部环境和内外环境背景下企业家精神与自主创新绩效的模型。

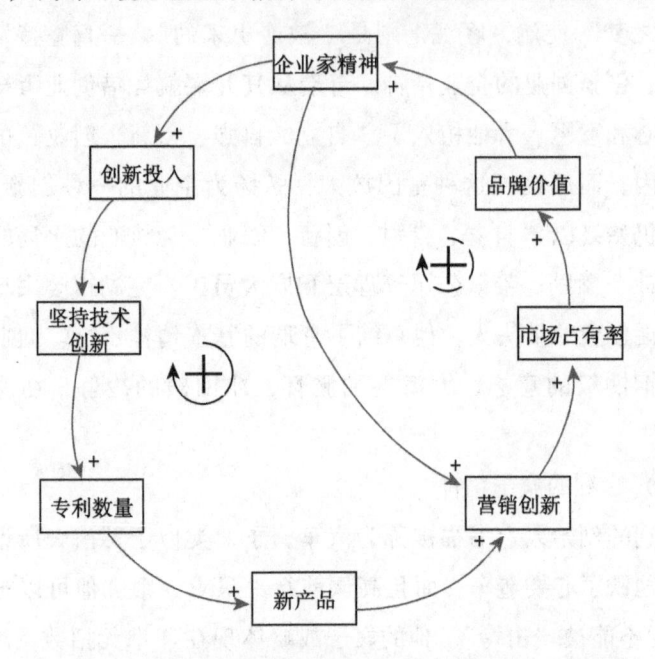

（1）内部环境下企业家精神与自主创新绩效的SD模型（图2.7）

图2.7　内部环境下企业家精神与自主创新绩效的SD模型

Fig. 2.7　SD model of independent innovation and entrepreneurship in internal environment

从图 2.7 中可以看出有两个正反馈环。一个正反馈环是企业家精神—创新投入—坚持技术创新—专利数量—新产品—营销创新—市场占有率—品牌价值—企业家精神。另一正反馈环是企业家精神—营销创新—市场占有率—品牌价值—企业家精神。企业家精神影响自主创新的全部过程，根据自主创新的活动发生的时间维度产生影响，同时对于营销创新也产生直接影响，最终影响企业品牌价值。整个结构图都是正反馈，体现企业家精神对企业品牌价值的正向影响。

（2）企业家精神与外部环境的 SD 模型（图 2.8）

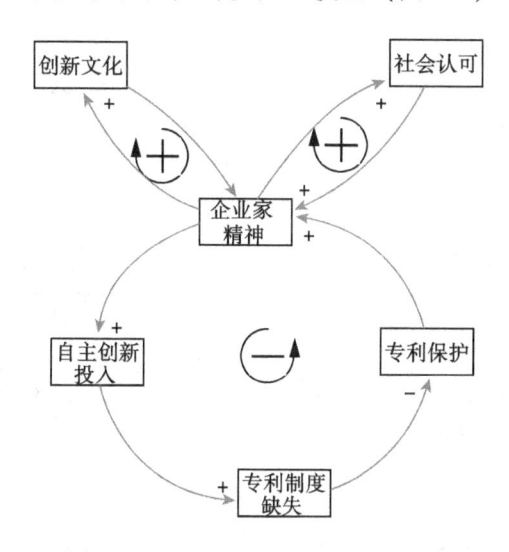

图 2.8　企业家精神与外部环境的 SD 模型

Fig. 2.8　SD model of entrepreneurship and external environment

从图 2.8 中可以看出存在三个反馈环，其中两个是正反馈环，一个是负反馈环。一个正反馈环是企业家精神—创新文化—企业家精神。另一正反馈环是企业家精神—社会认可—企业家精神。一个负反馈环是企业家精神—自主创新投入—专利制度缺失—专利保护—企业家精神。企业家精神存在于一定的社会环境之中，从创新文化、社会认可和专利制度三方面体现环境对企业家精神的影响。其中创新文化和社会认可对于企业家精神是正向反馈，一个具有创新文化的环境对于企业家精神的培育和发挥有着积极作用,而符合社会公共价值观的企业家精神则容易得到社会的认可,从而又激励企业家精神的发挥。专利制度等一些制度的缺乏会对企业家精神产生负面影响,从而最终对企业的自主创新绩效产生负面影响。

(3) 内外环境背景下企业家精神与自主创新绩效的 SD 模型(图 2.9)

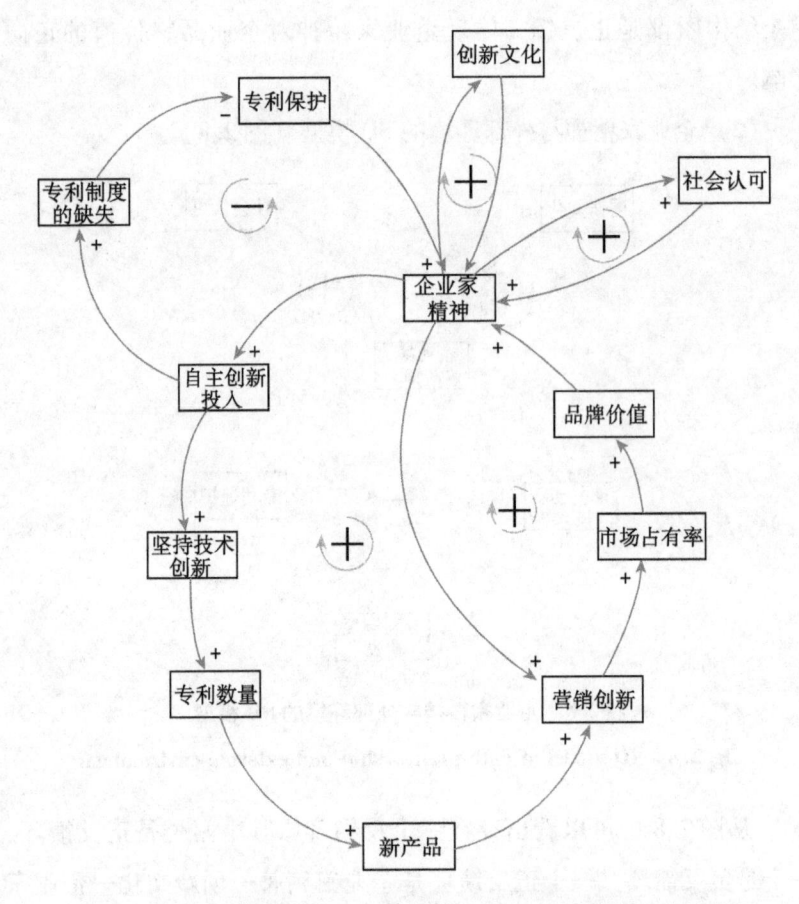

图 2.9 内外环境背景下企业家精神与自主创新绩效的 SD 模型

Fig. 2.9 SD model of independent innovation and entrepreneurship in internal and external environment

如图 2.9 所示,企业精神影响企业的自主创新全过程并最终影响自主创新的绩效,而同时企业家精神又受到环境的影响,其中创新文化和社会认可对企业家精神是正向影响,专利制度的缺乏对于企业家精神是负向影响。

企业家精神贯穿于企业自主创新的全过程,企业家精神通过对自主创新意识、自主创新投入、自主创新活动、自主创新产出和自主创新绩效产生正向影响。因此企业要获得良好的自主创新绩效,就必须重视企业家精神的作用。

企业家精神的培育和发挥都离不开其赖以生存的环境,良好的制度环境能够保护企业及企业家的利益,从而可以激励企业家精神的发挥。鼓励创新和民族使命感的社会公共价值观可以使得企业家精神得到社会的认可和尊敬,因此培育民族自尊的社会公共价值观就显得尤为重要。在全社会范围内形成自主创新的文化氛围,是企业家精神得以发挥和成长的最好土壤(刘宇,马卫,2011)。

2.2.2 产业集中度

1. 产业集中度的内涵

Allen(2006)认为产业集中度是某种产品或服务的销售量在各个企业之间的分布,它是衡量一个产业受到几家大企业控制的程度。

2. 产业集中度的测量方法

产业集中度常用的测量方法有两种:

(1)行业集中度法

即在一个产业中,取前 n 位企业市场份额相加,简称 CRn(Concentration Ratio)。

(2)赫芬达尔-赫希曼指数

赫芬达尔-赫希曼指数,即在一个产业中,取前 n 位企业的市场份额的平方和,简称 HHI(Herfindahl-Hirschman Index)。

3. 产业集中度对产业绩效的影响

产业集中度体现了一个行业的生产者集中的程度,产业集中度高,有利于资源的充分、有效利用,从而可以更好地发挥资源的价值,如资金资源、人力资源、技术资源、知识资源等。相反,产业集中度低就会因为一定程度上的重复建设,从而导致资源的利用效率较低,并且还因为一些恶性竞争带来更多的资源的耗费。从历史沿革来看,由于地方行政保护主义,除了新疆、西藏等少数省份外,我国几乎每个省都有自己的汽车生产企业,在一定程度上造成了产业集中度不高。从而导致我国汽车产业虽发展了60多年,但汽车的自主创新能力还是不尽如人意,全球最有价值汽车品牌还屈指可数,与从2009年以来一直是全球汽车产销第一的地位不太相符。

2.2.3 产业政策因素

1. 产业政策的内涵

下河边淳和管家茂(1982)认为,产业政策是有关产业的一切政策之和。杨治(1984)认为产业政策是调节资源配置结构,调控经济结构从而提高资源配置效率的经济政策。查默斯·约翰逊(1984)认为产业政策是关于加强本国产品国际竞争力的政策。小宫隆太郎(1988)认为产业政策是为弥补市场机制可能造成的损失而由政府采取的一项弥补政策。罗琼(2012)认为产业政策是一国(地区)政府为了促进本国(地区)经济的发展,增强本国(地区)产业国际竞争力,根据产业规律的客观要求,通过实施不同的政策手段和激励机制来调整产业关系、维护产业运行、促进产业发展,达到社会资源的最优配置和经济结构优化的一种政策导向。

2. 产业政策的构成

(1) 政策目标体系

政策目标体系包括产业发展目标、产业效益目标、产业结构调整目标、产业国际竞争力目标等。

(2) 政策内容体系

政策内容体系包括产业结构政策、产业组织政策、产业区域布局政策、产业技术政策。

(3) 政策工具体系

政策工具体系包括财政支持政策、税收调节政策、货币金融政策、技术支持政策、进出口政策、行政手段、法律手段、其他手段等。

（4）政策效果评价体系

政策效果评价体系包括产业政策制定绩效评价、产业政策实施绩效评价、产业政策修整绩效评价、产业政策实施后绩效评价。

3. 产业政策对产业发展的影响

从1994年开始，我国陆续出台了一系列汽车产业政策，主要的产业政策见表2.15。

产业政策对汽车产业发展的影响主要体现在以下几个方面。

（1）对创新能力的影响

从日本和韩国汽车企业的崛起可以发现一个规律，在产业发展初期，用相应的产业政策保护民族汽车工业的发展，等到本国的汽车企业有了一定的自主创新能力后，再慢慢放开市场，通过加入国际竞争来进一步提升汽车企业的综合能力。

我国早期的产业政策基于"市场换技术"的初衷，先放开了市场，与各大国际汽车公司通过合资等方式进行合作，在合作的过程中，由于合资方保护自己知识产权的需要，甚至约束中方在合资的过程中进行自主研发，导致我国汽车企业在发展初期没有顺利地完成自有知识产权的积累，使得自主创新能力没有得到提高。另外，由于在合资的过程中，中国市场表现的确很好，中方通过合资不需要付出艰辛的努力去自主研发就可以赚取丰厚的利润，从而也逐步放松甚至放弃自主研发的努力。

在新能源汽车发展政策出台后，各个车企争相上新能源汽车项目，导致了相关资源的浪费，甚至出现了一些新能源汽车企业骗取国家补贴的恶性行为发生，从而在一定程度上影响了新能源汽车企业的自主创新能力。

（2）对汽车产业链条构建的影响

从汽车产业整个链条来分析，包括汽车零部件企业、整车企业、汽车分销企业、物流企业、金融服务企业、研发服务企业。我国早期的产业政策的重点落后在整车企业上。同时又由于在合资的过程中,合资方零部件仍从本国的零部件供应商处采购,导致我国零部件企业难以伴随合资企业的发展而发展。后来随着吉利等自主品牌汽车企业的发展壮大,才慢慢培育了一批本土的零部件企业。另外在发展整车和零部件企业的同时,还需要进一步发展研发服务企业、金融服务企业、物流服务企业等生产性服务企业,通过生产性服务企业的发展促进整车和零部件制造企业的发展。因此,我国汽车链条呈现的特点是重整车轻零部件,重制造轻服务。

(3) 对汽车产业发展基础的影响

汽车产业的发展还需要有一个强大的基础,那就是生产汽车的设备和工艺。我国汽车产业发展初期,汽车生产设备和工艺比较落后。在1984年进行合资之后,合资方在中方建厂时,倾向于引进本国的汽车生产设备和工艺或者德国等先进国家的汽车生产设备。由于汽车产业政策中未把汽车生产设备放入重要的战略地位,因此,我国汽车生产设备和工艺还有提升的空间。

表2.15 我国主要的汽车产业政策

Table 2.15 Major automobile policies in China

年份	政策名称
1994	汽车工业产业政策
2004	汽车产业发展政策
2009	汽车产业调整与振兴规划
2012	节能与新能源汽车产业发展规划
2016	节能与新能源汽车技术路线图
2017	汽车产业中长期发展规划

2.3 本章小结

本章主要分析了我国汽车产业发展历程和我国汽车产业升级的制约因素,其中在我国汽车产业发展历程的分析中,首先分析我国汽车产业发展阶段,并分为起步阶段、慢速发展阶段、快速发展阶段和并行发展阶段四个阶段。然后分析我国汽车产业发展取得的成绩,从技术进步、制造模式和市场表现三个方面进行分析。最后分析我国汽车产业发展中存在的问题,主要表现在技术薄弱、品牌价值低下、国际竞争力不足和产业集中度不高四个方面。

分析我国汽车产业升级的制约因素,从企业家精神、产业集中度和产业政策因素三个方面进行分析。具体分析了企业家精神对自主创新的影响,产业集中度对产业绩效的影响,产业政策因素对产业发展的影响。

参考文献:

[1] 于开乐,王铁民. 基于并购的开放式创新对企业自主创新的影响——南汽并购罗孚经验及一般启示 [J]. 管理世界, 2008 (4): 150 – 159.

[2] 田志龙,李春荣,等. 中国汽车市场弱势后入者的经营战略——基于对吉利、奇瑞、华晨、比亚迪和哈飞等华系汽车的案例分析 [J]. 管理世界, 2010 (8): 139 – 152.

[3] 吴强. 开放式创新理论研究综述 [J]. 商业时代, 2010 (6): 70 – 72.

[4] Rigby, Darrell, Zook. Open-market Innovation [J]. Harvard Business Review, 2002, 80 (10): 80 – 80.

[5] Chesbrough, Henry. The Logic of Open Innovation: Managing Intellectual Property [J]. California Management Review, 2003, 45 (3): 33.

[6] 孙秀洁. 2010 年我国汽车企业参与国际并购情况分析 [J]. 汽车工业研究, 2011 (5): 11 – 13.

[7] 吉利 + 沃尔沃 = 一场颠覆? [J]. 商周刊, 2010 (1): 76 – 79.

[8] Link A. Acquisitions as Sources of Technological Innovation [J]. Mergers and Acquisitions, 1988, 23 (3): 36 – 39.

[9] Lane P J, Lubatkin M. Relative Absorptive Capacity and Interorganizational Learning [J]. Strategic Management Journal, 1998 (19): 461 – 477.

[10] Schumpeter. The Theory of Economic Development [M]. Cambridge, MA: Harvard University Press, 1934.

[11] 刘宇,马卫. 我国汽车产业升级开放式创新案例研究 [J]. 技术经济与管理研究,2012 (9):88 – 92.

[12] 刘宇,马卫. 奇瑞汽车的渠道策略 [J]. 企业管理,2010 (8):42 – 45.

[13] 刘宇,马卫. 企业家精神与自主创新绩效的 SD 分析——基于我国自主品牌汽车企业的研究 [J]. 汽车工业研究,2011 (7):15 – 19.

[14] 路风,封凯栋. 为什么自主开发是学习外国技术的最佳途径?——以日韩两国汽车工业发展经验为例 [J]. 中国软科学,2004 (4):6 – 11.

[15] 刘国新,李兴文. 国外技术创新过程中的政府作用分析——对我国实施自主创新战略的启示 [J]. 当代经济管理,2006 (2):112 – 117.

[16] 后锐,张毕西. 企业开放式创新:概念、模型及其风险规避 [J]. 科技进步与对策,2006 (3):7 – 15.

[17] 金麟洙. 从模仿到创新:韩国技术学习的能力 [M]. 北京:新华出版社,1998.

[18] Porter M. The Competitive of Nations:Cluster and the New Economics of Competition [J]. Harvard Business Review,1990 (5):77 – 90.

[19] Pietrobelli C,Rabellotti R. Upgrading in Cluster and Value Chains in Latin American:the Role of Policies [R]. Washington D C:Inter-American Development Bank,2004.

[20] Poon T S. Beyond the Global Production Networks:A Case of further Upgrading of Taiwan's Information Technology Industry [J]. Technology and Globalisation,2004,24 (3):232 – 251.

[21] 周振华. 经济增长中的结构效应 [M]. 上海:上海人民出版社,1992.

[22] Gereffi G. International Trade and Industrial Upgrading in the Apparel Commodity Chain [J]. Journal of International Economics,1999,48 (1):37 – 70.

[23] Humphrey J,Schmitz H. How does Insertion in Global Value Chains Affect Upgrading in Industrial Clusters [J]. Regional Studies,2002,36 (9):1017 – 1028.

[24] 下河边淳,管家茂. 现代日本经济事典 [M]. 北京:中国社会科学出版社,1982.

[25] 小宫隆太郎. 日本的产业政策 [M]. 北京:国际文化出版公司,1988.

[26] 杨治. 产业经济学 [M]. 北京:中国人民大学出版社,1984.

[27] 查默斯·约翰逊. 产业政策争论 [M]. 美国：美国当代研究所，1984.

[28] 罗琼. 台湾经济增长中的产业结构调整与产业政策研究 [D]. 天津：南开大学，2012.

[29] 郜筱亮. 中国特色新型工业化产业政策研究 [D]. 成都：西南财经大学，2011.

[30] Allen E. Market Structure Conduct Performance（SCP）Hypothesis Revisited Using Stochastic Frontier Efficiency Analysis [C]. California：American Agricultural Economics Association Annual Meeting，Long Beach，2006.

[31] 王炳文. 中国煤炭产业集中度及政策研究 [D]. 北京：北京交通大学，2013.

[32] 植草益. 产业组织理论 [M]. 卢东斌，译. 北京：中国人民大学出版社，1991.

第3章　全球价值链下我国汽车产业升级的必要性及分析框架

我国汽车工业起步于1953年，三年后第一辆载货汽车在一汽下线，结束了中国不能制造汽车的历史。从1956年到1976年这20年间，由于当时国力不强，我国汽车产业发展速度比较缓慢。1978年我国开始实行改革开放，逐渐由计划经济转变为社会主义市场经济。从1980年到1990年这10年间，中央对汽车行业实施权力下放、政企分开、对外合作和引进技术等政策之后，中国汽车工业迎来快速发展时期。1994年颁布的《汽车工业产业政策》对汽车行业发展起到了重要的指导作用。在20世纪90年代后期，我国汽车产业发展的战略重点是轿车工业。进入21世纪，我国汽车产业迎来了突飞猛进的发展。2000年至2017年是我国汽车产业飞速发展的几年，汽车产销量成倍增长，具体产量见表3.1。

表3.1 我国汽车历年产量
Table 3.1 Chinese automobile output over the year

年份	1978	1980	1990	1992	1995	2000	2001	2002
产量（万辆）	15	22	51	106	145	207	234	325
年份	2003	2004	2005	2006	2007	2008	2009	2010
产量（万辆）	444	507	571	728	888	934	1379	1827
年份	2011	2012	2013	2014	2015	2016	2017	
产量（万辆）	1842	1927	2212	2372	2450	2812	2902	

3.1 全球价值链下我国汽车产业发展模式及升级的必要性

改革开放以后,为进一步发展轿车工业,在"市场换技术"的思想指导下,我国先后经历了两次合资高潮,诸多国有汽车企业纷纷与国外汽车公司进行了轿车项目的合资,新成立的合资汽车公司为跨国公司生产其品牌的轿车产品,合资模式成为当时我国汽车产业发展过程中的一个重要特点。与国有汽车企业相比,奇瑞、吉利、哈飞、比亚迪等自主品牌汽车企业则走出了一条自主创新的道路,他们通过建立自主研发平台,充分利用全球公共资源,逐步实现了自主创新,成为民族汽车工业的振兴者。

3.1.1 合资发展模式分析

为了更好地发展我国汽车工业,1994年发布的《汽车工业产业政策》和2004年发布的《汽车产业发展政策》中规定,在整车和发动机项目上跨国汽车公司只能以合资的方式进入我国市场。1984年,我国第一家汽车整车合资公司由北京汽车工业公司与克莱斯勒共同投资,这家公司的成立拉开了我国汽车工业发展的新序幕,此后合资汽车公司成为我国汽车企业的重要组成部分。典型的合资行为有第一汽车集团与德国大众、日本丰田和美国福特等汽车公司的合资等(张向阳等,2005)。

(1)全球价值链下合资发展模式的动力机制分析

我国汽车产业合资发展模式的动力机制属于生产者驱动型价值链,但是由于研发、市场营销和品牌建设等价值较高的环节在全球价值链中地位日益重要,我国汽车产业合资发展模式的动力机制有从生产者驱动向购买者驱动转变的趋势(曾蓓等,2008)。

（2）全球价值链下合资发展模式的治理模式分析

在合资发展模式下，跨国汽车公司是全球价值链的领导者，控制着全球价值中的高价值环节。汽车关键零部件对整车的价值起关键作用，其在价值链中的地位呈上升趋势。由于多年的合作，跨国汽车公司与大型汽车零部件企业建立了战略合作关系。因此，跨国汽车公司也控制了这一环节，合资汽车企业只介入全球价值链中的生产环节，也是全球价值链上价值较低的环节。如1996年江铃集团和美国福特公司成立了合资汽车企业——江铃汽车股份有限公司，生产全顺品牌的车型，美国李尔等全球知名供应商在南昌成立合资或独资零部件企业，为江铃汽车公司提供配套服务。从治理结构上看，福特汽车公司是全球价值链中的治理者，通过与江铃汽车股份有限公司的合资合作，将全球价值链中的生产环节转移到了中国；江铃汽车股份有限公司是全球价值链中生产环节上的制造企业，福特汽车公司控制着其产品研发和品牌建设等价值量较高的活动；江铃汽车公司通过合资与福特汽车公司建立了密切的联系，获得了技术外溢所带来的效果。由于美国李尔零部件公司是福特汽车公司的配套零部件企业，福特汽车公司与江铃汽车集团成立合资公司以后，美国李尔零部件公司也来到南昌投资，从而控制了关键零部件的研发和制造环节（冼海君等，2010）。

（3）合资发展模式带来的结果

①嵌入跨国汽车公司的全球价值链。合资汽车企业通过融入跨国汽车公司的全球生产网络，承担了其在全球价值链上的生产制造工作，最终嵌入跨国公司全球价值链上的生产环节。在合资合作的过程中，合资汽车企业提升了生产制造能力和质量管理水平。

②自主创新能力的削弱。在合资的过程中，由于跨国汽车公司对于核心技术的保护，同时也限制了合资汽车企业的研发行为，由于巨大的市场需求带来了高额的利润，合资汽车企业在各种压力下，放弃了自主创新，而甘于坐享其成（Porter，1985）。

③向全球价值链高附加值环节攀升受阻。合资汽车企业嵌入跨

国汽车公司的全球价值链上的生产环节之后，由于跨国汽车公司控制了全球价值链中的品牌建设和产品研发等高附加值环节，合资汽车企业沿着全球价值链向高附加值环节升级的行为受到跨国汽车公司的限制。如在品牌建设环节，合资以后合资汽车企业只能生产跨国汽车公司旗下的品牌产品，由于品牌的建设需要技术的积淀和时间的积累，但是在合资的过程中，合资汽车企业缺乏自主研发的动力和努力，所以自主品牌的建设更是无从谈起，因此合资汽车公司进行自主品牌建设是一件十分困难的事情（西蒙，1985）。

3.1.2 自主创新发展模式分析

经过多年的发展，我国自主品牌轿车从最早的红旗、上海轿车发展到吉利、奇瑞和比亚迪轿车，自主品牌轿车逐步成长为轿车市场上的中坚力量。2017年，自主品牌乘用车销售1084.7万辆，同比增长3%，占乘用车总销量的43.9%。我国自主品牌轿车企业一直坚持自主创新，在发展的过程中，我国自主品牌轿车的自主创新行为先后经历了模仿创新、技术外包创新、技术引进创新和开放式创新四个阶段。与合资汽车企业不同，自主品牌汽车企业没有像合资汽车企业那样嵌入跨国汽车公司的全球价值链的生产环节中，而是通过模仿引进技术—整合国内外资源—改进性创新—自主创新的方式来自我构建全球价值链。进入21世纪以来，由于私人购车的消费市场迅速增长，给轿车生产企业带来了丰厚的利润，在这样的背景下，为我国自主品牌汽车企业奠定了发展的基础。随着专业化分工的进一步深化，汽车零部件采购方式的模块化，使我国自主品牌汽车企业在发展初期所需要的汽车零部件产品的质量可以得到保证。我国自主品牌汽车企业的研发能力得以提高有两方面的原因：其一是合资汽车企业中的工作人员流动到自主品牌汽车企业中所带来的技术外溢现象；其二是国际零部件供应商由于与跨国汽车公司的合作关系而来到中国市场上投资与发展，为我国汽车零部件的发展起了很好的带动作用，并且丰富了汽车零部件产品的供给情况。因此，我国自主品牌汽车企业得到了较好的发展，在自我构建全球价值链的过程中，自主品牌汽车企业实现产业升级采取的措施有两个方面：其一是对于全球价值链上的产品研发和自主品牌建设等价值较高的环节进行直接控制；其二是对于其在全球价值链条中的治理能力予以提升（芮明杰，2005）。

(1) 全球价值链下自主创新发展模式的动力机制分析

自主品牌汽车企业在其发展的过程中逐步构建了一条由自己主导的全球价值链，在发展初期由于资源和能力的限制，自主品牌汽车企业主要是面向国内汽车市场的发展来构建国内价值链，随着经济的全球化发展，然后通过国际市场营销来构建国际价值链，随着实力的增长和发展的需要，最后通过在全球范围内建厂来构建全球价值链。在动力机制上，我国自主品牌汽车企业的最初发展得益于发展良好的国内汽车市场，因此其全球价值链最初的时候具有明显的采购者驱动的特征。随着海外市场的开拓与自主研发工作的深入开展，使自主品牌汽车企业的全球价值链兼有购买者驱动和生产者驱动的特点（Humphray，2002）。

(2) 全球价值链下自主创新发展模式的治理模式分析

在发展初期，自主品牌汽车的治理模式更依赖于与全球价值链上的上游经销商和下游供应商的合作。自主品牌汽车企业的下游供应商选择了国际大型汽车零部件供应商，其所提供的关键零部件满足了自主品牌汽车企业的发展需要。其与上游经销商建立良好的关系有利于在全国乃至全球范围内成功地分销产品。如奇瑞汽车公司的关键零部件供应商有三菱和宝马等，在国内市场，依靠现有的经销商分销产品，在国际市场则利用海外成熟的营销网络分销产品。奇瑞汽车公司在构建全球价值链的过程中实现企业升级，先后经历了工艺流程升级、产品升级、功能升级和链条升级的完整过程（Humphray，2001）。

3.1.3 我国汽车升级的必要性

（1）在全球价值链上处于低端

汽车企业的价值量主要分布在整车研发、关键零部件研发与制造、整车生产制造、市场营销和自主品牌建设等价值环节。在汽车价值链的各个价值环节中，整车研发和自主品牌的价值量最大，关键零部件研发与制造和市场营销的价值量次之，最低的是整车生产制造。合资汽车企业由于跨国公司的限制和自身努力不足导致自主创新能力欠缺，向全球价值链上高附加值环节攀升的努力受阻；自主品牌汽车企业自主构建的全球价值链上低端消费群体的价值链，需要向资本密集、技术密集和知识密集的环节提升（Barnes，2000）。所以，我国汽车产业的发展层级还比较低，全球价值链上各价值环节的价值量都有提升的空间。以品牌价值为例，全球品牌咨询公司 Interbrand 公布了 2018 年全球最有价值品牌 500 强排行榜，奔驰以 439.3 亿美元名列第 15 位，我国仅有哈弗汽车和吉利汽车两个品牌上榜，分别排在第 249 位和第 291 位，品牌价值分别为 68 亿美元和 60 亿美元，与奔驰的 439.3 亿美元分别相差 371.3 亿美元和 379.3 亿美元。可以看出我国汽车品牌价值与世界知名汽车名牌相比差距很大。所以，我国汽车企业应通过核心动态能力的培养，不断促进各个价值环节上价值量的提升，从而带动整个产业的升级。

（2）汽车产业集中度低且产能过剩

汽车工业产业链涉及范围广、对经济的影响作用大，大规模发展汽车工业已成为我国地方政府全力推动的事情，由此带来了投资行为的盲目性和重复建设的现象（Lorentzen，2004）。我国汽车行业已存在较严重的产能过剩，这导致了汽车企业以价格战进行竞争从而带来企业利润率下降。国际公认的汽车经济规模是 200 万辆，2017 年，我国只有 5 家汽车企业的销量突破 200 万辆，其中上汽集团为 648.9 万辆，东风公司为 427.67 万辆，一汽集团为 314.7 万辆，长安公司为 306.34 万辆，北汽集团为 284.7 万辆，这 5 家企业占总体销量的 68.6%。

(3) 汽车零部件整体水平不高

改革开放以后,我国汽车企业在合资的过程中,由于合资外方把配套的零部件企业带进国内,在很大程度上限制了我国零部件企业的发展。零部件工业是汽车工业的重要基础,不仅影响整车产品的质量,还在改进汽车产品和推动汽车技术进步的过程中起到重要的作用,因此零部件工业的发展水平与整个汽车工业的发展水平密切相关。我国汽车工业整体发展水平低的一个重要原因就是我国的汽车零部件工业发展落后。主要表现在三个方面:其一,我国汽车零部件产业集中度低。由于地方保护主义的存在,汽车零部件产业存在着严重的重复建设现象,导致产业集中度低。由于地方保护主义以及合资汽车企业坚持原有的零部件供应体系,所以汽车零部件企业的发展受到了很大的限制。其二,我国零部件企业缺乏具有自主知识产权的核心技术。由于产品开发投入不足导致我国汽车零部件企业的自主开发能力很弱。一般而言,发达国家的零部件工业投资是整车领域投资的 2 倍,而我国对零部件的投资仅为整车企业的 0.3 倍,由于行业集中度低和严重的重复建设现象稀释了这仅有的投资,最终带来的结果是我国汽车零部件整个行业的投入不足。其三,相关政策法规有待完善。对汽车零部件的市场缺乏统一管理与整体规划,同时宏观调控手段也不是很有力,使汽车零部件领域的竞争处于混乱状态。

(4) 国际竞争力不足

虽然我国汽车产销量位居世界第一,但是国内汽车市场所占的份额很大,国外汽车市场份额很少,十分缺乏国际竞争力。2017 年,我国汽车出口 106 万辆,占总体销量的 3.7%。这些汽车被分散地销售到全球 100 多个国家和地区,出口的汽车以中低档车型为主,出口的市场主要是发展中国家和地区。近年来,人民币面临着升值的压力,中国汽车进出口格局将产生新的变化,更多的国际产品将进入中国市场,直接参与与自主品牌汽车企业的竞争。

3.2 全球价值链下国外汽车产业升级模式及启示

3.2.1 日本汽车产业升级模式分析

20世纪30年代日本汽车工业起步，以生产军需货车为主，第二次世界大战后开始生产轿车，20世纪60年代，轿车工业发展迅速，80年代成为世界第一。日本当初对于是否需要发展民族汽车工业有过争论，最后坚持振兴民族工业并重点支持和保护汽车工业。日本汽车产业的升级模式可以总结为在政府强有力支持下的自主创新型产业升级模式。

（1）政府的大力支持

在日本汽车工业的发展过程中，政府起了很重要的指导作用。总体来说表现在以下两个方面：

①整车企业成长初期的保护措施。20世纪50年代，为了快速提升技术水平，日本政府鼓励本国汽车企业与国外汽车企业进行合作，并采取了保护性关税、税收减免、加速折旧、进口配额等一系列措施来促进本国汽车工业的发展。为了促进自主创新，通过逐步减少对CKD企业的外汇配给的方式来引导其加速国产化进程。日产汽车公司在4年时间内完成了奥斯汀零部件的国产化，几个汽车企业也相继完成了国产化。另外，为了更好地保护本国汽车市场，日本政府长期禁止外国资本进入汽车工业，直到1970年迫于美国的压力才允许外国公司投资日本汽车工业。因此，在这些措施的保护下，日本汽车工业的技术学习过程始终没有受到外国汽车企业的控制。

②国民车计划。为了激励日本汽车企业进行自主开发，日本政府在1958年实施了国民车计划。这个计划的目标是根据日本资源匮乏的特点来发展经济型轿车，并提出具体的量化指标，这对当时的日本汽车企业而言是一个很难实现的目标，却可以作为日本汽车企

业努力的方向。为了获得政府的支持，日本汽车企业沿着这个方向进行开发，并吸引了很多产业外企业的加入，如富士重工、东洋工业（后更名为马自达）和三菱等，于是加剧了汽车产业的竞争，最终使得汽车企业的制造成本下降，质量水平提升，产品开发周期缩短。这一计划的一个很重要的成果就是形成了日本汽车体积小和油耗低的特点，在20世纪70年代石油危机爆发时，正是因为这两个特点使日本汽车工业在世界上迅速崛起（Palpacuer, 2003）。

（2）坚持自主研发

20世纪50年代初，在汽车技术方面，日本轿车工业与国际先进汽车企业之间的差距很大，为了防止这些汽车企业占领本国轿车市场，日本政府从1952年开始鼓励本国汽车企业通过和外国汽车企业合作，即采取 tie-ups 的合作方式，通过进口散件组装生产外国品牌汽车产品的方式来加速掌握技术。tie-ups 的合作方式只有技术许可与散件供应协议，并没有涉及外资介入。因此这个方式很好地保护了日本汽车产业，日产、五十铃、日野和三菱分别组装英国的奥斯汀、法国的 Hillman 和雷诺及美国的吉普等车型。到20世纪60年代初这些合作都相继按期结束，1964年后日本企业再也没有和外国企业进行过类似的合作。在进行这种合作的同时日本汽车企业一直坚持自主研发。通过合作组装外国品牌汽车带来的一个重要影响就是通过提高竞争压力从而迫使日本本土汽车企业加速技术升级。日本汽车所表现出来的节能性是其本国特有的，其产品概念与设计来自自主技术学习基础上的创新（Schmitz, 2004）。

3.2.2 韩国汽车产业升级模式分析

（1）政府的支持

1962年，韩国政府颁布了《汽车工业扶持法》，象征着韩国汽车工业起步，成立了多家汽车组装厂。为了提升自主研发能力，1966年韩国政府制订了国产化计划，通过实施外汇优惠分配和国产化率挂钩的方式，促使韩国汽车产品的国产化率从1966年的21%上升到 1981 年的 92%。为了进一步鼓励汽车企业进行自主创新，1973年韩国政府制订了《汽车工业长期发展计划》，要求现代、起亚和大宇三家汽车企业必须自主研发汽车产品。

（2）学习机制

来自政府的强大推动力是一个很重要的前提条件，但是汽车企业具有学习动力才能真正实现技术创新的目标。韩国汽车企业很重视学习，其学习的主要来源有两个：

①从模仿中学习。韩国汽车工业的起步源自组装美国福特汽车公司的旅行车，在技术引进的过程中，其技术引进模式先后经历了组装全拆装车（CKD）、引进生产线、关键设备采购、联合开发、兼并重组国外技术研究开发公司等。现代集团从 1967 年开始组装福特汽车，经历了从组装半拆装车（SKD）到组装全拆装车（CKD）的过程，始终保持高度的技术学习热情。

②从出让股份中学习。为了获得技术，1980 年现代集团向三菱汽车公司出让 10% 的股份，从而获得相应的汽车零部件的技术许可证。当现代集团的技术研发水平有所提升时，日本三菱汽车公司拒绝提供先进技术，在这种压力之下，现代集团加大了自主研发的力度，从而走上了自主创新之路。高强度的技术学习促进了韩国汽车工业的发展，而自主开发是韩国汽车工业健康发展之路的前提。总体而言，韩国轿车工业走的是技术引进—消化吸收—自主创新的技术发展道路，最终使韩国从汽车技术水平很低的国家成长为具有较高汽车技术水平的国家（Jeffy，2005）。

3.2.3　国外经验对我国汽车产业升级的启示

通过对日本和韩国汽车工业升级模式的分析，可以得出两条重要的启示。

①政府政策的支持指引了汽车工业发展的方向。日本的国民车计划指引着日本汽车企业朝着开发经济节能型汽车的方向努力，从而形成了日本汽车的特点，最终导致了日本汽车工业在世界上的崛

起。韩国的国产化计划促使韩国汽车企业坚持走自主开发的创新道路，从而培养了汽车企业的自主创新能力（段文娟等，2005）。

②以技术学习为主的自主创新道路。高强度的技术学习是日本和韩国汽车工业取得很大发展的关键因素，在技术学习的过程中坚持了自主研发汽车产品。虽然自主研发投入高且风险很大，但是却可以使汽车企业不断地在研究开发中提高能力，并且在发展的过程中不会受制于人。特别是在全球经济一体化的背景下，企业之间的交流与合作十分充分，所涉及的范围也很广，技术溢出现象带来经济的外部效应。对于一个汽车企业而言，高强度的技术学习可以使其不断地取得技术进步（杨东进等，2008）。

3.3 汽车产业升级内涵及分析框架

3.3.1 汽车产业升级内涵

在经济全球化的背景下，跨国汽车公司完成了其生产网络在全球范围内的布局，因此其在全球价值链上的各个关键环节在全球范围内由不同的企业来完成。对于我国汽车工业而言，改革开放后，合资风潮的流行使得我国汽车企业结束了闭门造车的历史，被嵌入合资外方汽车企业的全球生产网络中，从而也成为合资外方全球价值链上的一个环节，即生产制造环节，一个附加值不是很高的劳动密集型的环节（周煜等，2008）。但是，与合资汽车企业不同的是，我国自主品牌汽车企业在自我发展的过程中，却保持了其在全球价值链上的控制权，虽然与外国汽车公司也有合作，但是始终拥有主导权。但是总体而言，由于我国汽车企业的自主创新能力不足且企业品牌价值不高，因此我国自主品牌汽车企业构建的自主全球价值链处于低端的水平。

虽然产业升级受到了国内外的关注，但产业升级的内涵却并没有统一的界定。宏观层面的产业升级是从国家层面考虑的，其资本密集型与技术密集型产业在经济发展中占有优势地位（丁志卿等，2009）。中观层面的产业升级是从产业集群层面考虑，指产业内原始材料创新价值转变到更具价值创造能力的技术资源、知识资源和资本资源的过程（吴彦艳等，2009）。微观层面的产业升级是从企业层面考虑，是制造商从生产劳动密集型低价值产品向生产更高价值的资本或技术密集型产品的转移过程。从以上概念可以看出，产业升级是产业由低技术水平、低附加价值状态向高技术水平、高附加价值状态演变的过程。在全球价值链的理论背景下，产业升级是企业在全球价值链中从低价值环节向高价值环节攀升的过程（李晓阳等，2010）。在以上分析的基础上，并根据本研究的需要，笔者将汽车产业升级的内涵界定为：通过企业、产业集群和国家的系统，努力实现汽车企业全球价值链上价值量提升的过程。这一概念包括以下几层意思：

①汽车产业升级是一项系统工程。汽车产业升级需要通过汽车企业、汽车产业集群和国家三个层面的共同努力才能实现，汽车企业坚持技术创新和自主创新的方向，通过动态核心能力的培养不断地提升企业在全球价值链上的位置，即实现低附加值向高附加值的不断攀升。产业集群通过产业集聚效应和产业协同效应增强创新能力，使得产业逐渐进入全球价值链战略环节的过程。宏观层面是指国家制度围绕企业技术创新能力进行政策引导、标准建设等制度因素来实现汽车全球价值链上高附加值环节增加的过程。

②全球价值链上不同环节的价值量有差异。汽车产业全球价值链上有整车研发、关键零部件研发与制造、整车生产制造、市场营销和自主品牌建设五个关键环节，其中整车生产制造环节价值量较低，其他环节价值量较高，汽车产业升级的过程就是沿着全球价值链提升价值量的过程。

③相对性。汽车产业升级是与跨国汽车公司相比，嵌入全球价值链或自主构建全球价值链的价值量提升的过程。

3.3.2 汽车产业升级分析框架

基于文献分析和本研究的基础，本章提出从企业、产业集群、国家政策系统研究汽车产业升级的机理。汽车产业升级分析框架如图3.1所示。

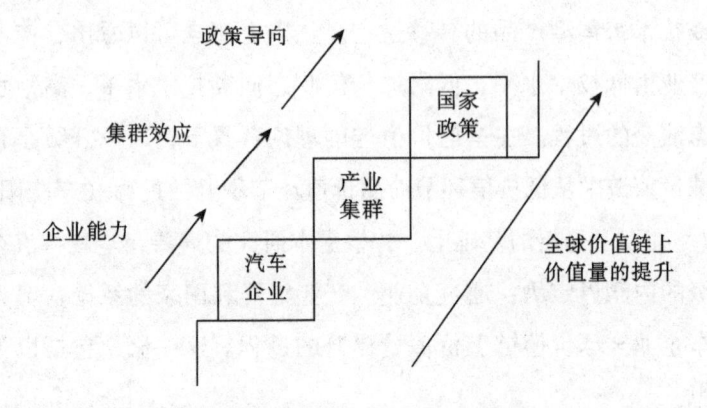

图 3.1 汽车产业升级分析框架

Fig. 3.1 Analysis framework of automobile industry upgrading

（1）基于企业能力的全球价值链下我国汽车产业升级的微观机理

从微观层面来看，汽车企业通过提升市场感知能力、知识创新能力和社会网络能力，最终提升汽车企业的技术创新能力，从而实现汽车企业在全球价值链上价值量的提升。

（2）基于集群效应的全球价值链下我国汽车产业升级的中观机理

从中观层面来看，汽车产业集群产生的集聚效应和协同效应能够带来集群协同，最终实现汽车产业全球价值链链条的提升。

（3）基于政策导向的全球价值链下我国汽车产业升级的宏观机理

从宏观层面来看，国家政策构建了汽车产业升级的环境，以制度创新的方式引导汽车企业进行技术创新，最终实现汽车产业在全球价值链上的升级。

3.4 本章小结

本章主要分析全球价值链下我国汽车产业升级的必要性并给出了全书的分析框架。首先对我国汽车产业两种不同的发展模式进行分析，即在全球价值链的背景下分析合资发展模式和自主创新发展模式，从而得出我国汽车产业升级的必要性；然后对最有借鉴意义的日本和韩国汽车工业升级模式进行分析，从其经验中得出对我国汽车产业升级的启示；最终给出全书的分析框架，即从企业能力角度分析我国汽车产业升级的微观机理，从集群效应角度分析我国汽车产业升级的中观机理，从政策导向的角度分析我国汽车产业升级的宏观机理。

参考文献：

[1] 张向阳，朱有为. 基于全球价值链视角的产业升级研究 [J]. 外国经济管理，2005（5）：21－27.

[2] 曾蓓. 企业产业升级的组织动力源及路径 [J]. 生产力研究，2010（8）：216－218.

[3] 冼海钧，陈文慧. 基于产业链分工视角的中国与东盟国家的产业升级 [J]. 南方金融，2010（10）：40－43.

[4] Porter M. Competitive Advantage：Creating and Sustaining Superior Performance [M]. New York：The Free Press，1985.

[5] 西蒙·库兹涅茨. 各国的经济增长 [M]. 北京：商务印书馆，1985.

[6] 芮明杰. 产业经济学 [M]. 上海：上海财经大学出版社，2005.

[7] Humphrey J，Schmitz H. Developing Country Firms in the World Economy：Governance and Upgrading in Global Value Chains [R]. INEF Report，University of Duisburg，2002.

[8] Humphrey J，Schmitz H. Governance in Global Value Chains [J]. IDS Bulletin，2001，32（3）：19－29.

[9] Barnes J. Changing Lanes：the Political Economy of the South African Automotive

[10] Lorentzen J, Barnes J. Learning, Upgrading, and Innovation in the South African Automotive Industry [J]. The European Journal of Development Research, 2004, 16 (3): 465 - 498.

[11] Palpacuer F, Parisotto A. Global Production and Local Jobs: Can Global Enterprise Networks be used as Levers for Local Development [J]. Global Networks, 2003, 3 (2): 97 - 120.

[12] Schmitz H. Local Enterprises in the Global Economy: Issues of Governance and Upgrading [M]. Cheltenham: Edward Elgar, 2004.

[13] Jeffrey S R. Economic Development Policymaking down the Global Commodity Chain: Attracting an Auto Industry to Silao, Mexico [J]. Social Forces, 2005, 84 (1): 50 - 52.

[14] 段文娟, 聂鸣, 张雄. 全球价值链视角下的中国汽车产业升级研究 [J]. 科技管理研究, 2006 (2): 35 - 38.

[15] 杨东进. 嵌入全球价值链模式与自主全球价值链模式的绩效比较分析 [J]. 经济经纬, 2008 (3): 34 - 37.

[16] 周煜, 聂鸣, 张辉. 全球价值链下中国汽车企业发展模式研究 [J]. 研究与发展管理, 2008 (8): 1 - 7.

[17] 丁志卿, 吴彦艳. 我国汽车产业升级的路径选择与对策建议——基于全球价值链的研究视角 [J]. 社会科学辑刊, 2009 (1): 104 - 107.

[18] 吴彦艳, 赵国杰. 基于全球价值链的我国汽车产业升级路径与对策研究 [J]. 现代管理科学, 2009 (2): 85 - 87.

[19] 李晓阳, 吴彦艳, 王雅林. 基于比较优势和企业能力理论视角的产业升级路径选择研究——以我国汽车产业为例 [J]. 北京交通大学学报 (社会科学版), 2010 (4): 23 - 27.

第4章 基于企业能力的全球价值链下我国汽车产业升级的微观机理

4.1 全球价值链下的企业能力及其对汽车产业升级的影响

从微观角度，提出汽车产业升级机理概念模型，通过对江西汽车产业的调查，运用结构方程模型的方法来进行实证研究。

4.1.1 全球价值链下企业能力的特点

生产者驱动型全球价值链的领导者拥有了研发技术和生产制造的能力；购买者驱动型全球价值链的领导者拥有研发技术与市场营销的能力。随着竞争的加剧，汽车产业的全球价值链逐步从生产者驱动向购买者驱动转移。

①专用性。能力的专用性是指全球价值链下企业的能力具有一定的适用范围，也就是说，当企业能力和特定的合作对象结合时能创造更高的价值，离开这一对象后，能力的价值将减少。根据其发展历程可以认为，专用性来源于全球化分工所带来的能力的专门化以及对专门能力的协同要求，随着分工的深化与企业能力专门化程度的提高，降低了企业单独完成所有的价值创造活动的可能性，企业的能力越来越依赖于与其他企业合作来实现价值创造。一般而言，能力适用范围越窄就越依赖于特定的合作对象，因此，能力的专用

性程度越高。

②专有性。全球价值链由全球性企业来共同打造,不同的企业具有不同的能力。专有性是指企业能力的稀缺性、价值性、难以模仿性和不可替代性的统称。拥有专有能力的企业的加入能提高全球价值链的价值创造能力,而它的退出可能影响整条价值链的运营效率。例如,拥有产品研发与品牌管理能力的跨国公司退出全球价值链后,为之进行贴牌生产的代工企业将难以创造同样的价值。因此,可以看出专有能力的重要性不仅在于它的价值创造能力,更重要的是它的稀缺性、难以替代性与难以模仿性,专有能力因为具有排他性而使拥有者获得一定的垄断力。一般而言,专有性与能力稀缺性、不可模仿性和不可替代性成正比。

蒙丹(2011)提出企业的异质资源与创新导致了专有性能力,企业整合这些资源后使得能力更加难以模仿与替代。全球价值链的每个环节都有一定的知识与技术的要求,企业拥有了该环节所应具备的知识能力和技术能力,就拥有了该环节上较高的专有性能力。因此,全球价值链上各环节参与企业所具有的能力不同,故对全球价值链的贡献也不同。同样的道理,全球价值链的低附加值环节所具有的异质的能力也具有一定的专有性,但是凝结在这些专有性中的投入较少,因此这种专有性的可替代程度就比较大,而高端环节凝结了大量的异质要素的投入,因此专有性程度较高。

4.1.2 企业能力对汽车产业升级的影响

决定汽车企业在全球价值链上地位的最根本的要素就是企业能力,换言之,是企业间专有性能力与专用性能力的差异。企业的专有性能力越强,对于全球价值链的价值创造的作用就越重要,因此也越难以替代。基于这种垄断能力的企业对其他企业会产生较大的吸附性,因此可以凭借这种被依赖关系建立其在全球价值链上的治理者地位。一般而言,全球价值链的高端环节被在全球价值链上拥有研发设计、品牌运作和市场营销等专有性能力的汽车企业占据,他们以领导者身份获取全球价值链上的绝大部分收益。与此同时，专有性能力较低、较易被替代的企业则处于被治理地位，仅获取微薄的利益。所以专用性能力使企业对其合作对象产生一定程度的依赖，从而在全球价值链中处于不利地位。因此，具有互补性能力的企业间可以形成相互依赖的双向专用，从而建立一种长期的合作协同关系。企业在全球价值链上拥有更多的控制权和价值分配权即可实现在全球价值链上企业的升级，而企业专用性和专有性能力的差异决定了这些权力的大小。专有性能力是决定企业在全球价值链中权力地位的关键因素，以更快、更有效的方式提升专有性能力是实现全球价值链上企业升级的关键。

4.2 基于企业能力的全球价值链下我国汽车产业升级的微观机理概念模型

4.2.1 企业核心动态能力

动态能力的首要构成要素是市场感知能力。诸多国外学者对市场能力进行了研究，哈佛商学院教授夏皮罗（Shapiro，1988）提出厂商成功的关键因素之一是进行了市场导向，因此市场导向是企业的首要工作。埃加利·科利和伯纳德·杰沃斯基（Kohh，Jaworski，1990）提出市场导向是包括市场信息的获取、市场信息在组织中的传播与厂商的市场信息活动反应的一系列程序，这些程序有助于提升企业的经营绩效。斯坦利·斯拉特和约翰·纳弗（Slater，Narver，1995）提出市场导向使厂商聚焦于持续地搜集目标顾客的需求以及与竞争对手能力相关的信息，并应用这些信息来创造顾客价值；它是整个组织的价值系统（Day，1994），是厂商的重要资源（Hunter，Morgan，1995），因此，市场导向有助于企业在竞争中获得优势。市场导向的感知能力是企业感知环境的变化、掌握顾客需求的市场响应能力。这种能力有助于企业适应变化的环境（Pavlou，2004；

Wang, Ahmed, 2007; Teece, 2007)。

学术界与企业界认为厂商获得持续竞争优势的关键因素是组织学习与知识能力（March, 1991; Dyer, Nobeoka, 2000），厂商通过知识的整合来获得学习和创新能力（Sehumpeter, 1934; Kogut, Zander, 1992）。因此，组织学习和知识能力是企业的重要能力。戴维·提斯等人（Teece, Shuen, Pisan, 1997）认为组织学习与知识能力是一种动态能力，认为提升竞争优势与成功竞争的关键在于组织持续学习、调整、适应与提升厂商的知识能力。所以，学习能力和知识能力能给企业带来竞争优势。动态能力观的研究者认为，组织学习的吸收能力主要体现在对知识与信息的获得、内化、转换与利用四个环节中。其中，获得知识是指知识的吸收；内化知识是指知识的积累和传递；转换知识是指通过实验和革新解决问题的办法而产生的新思想（Zott, 2003）；利用知识是指主动追求新的解决问题的方法。这四个环节的整合利用，可以提升企业组织学习能力。佐罗和温特（Zollo, Winter, 2002）认为吸收能力是一种学习能力，而动态能力的实现取决于这种能力。

社会网络的关系能力源自社会结构的交互作用行为（Gabbay, Leender, 1999），社会网络的关系能力是组织中以一种无形资源来获得利益或创造价值的能力（Alder, Kwon, 2002）。帕瓦罗（Pavlou, 2004）认为，社会网络的关系能力是通过管理资源和任务而产生新的活动绩效的协调能力。社会网络的关系能力聚焦于社会网络关系成员之间的互动关系、知识转移、吸收潜力与组织间合作能力，探讨了知识在社会关系网络中的转移机制等问题（Powell 等，1996）。

在以上研究的基础上，本章提出汽车产业的升级要素包括市场感知能力、知识创新能力和社会网络能力。

①市场感知能力。市场感知能力是企业感觉环境的变化、掌握顾客需要的市场响应能力。市场感知能力需要通过搜寻、探索与调整等方式，适应市场的机会与威胁。一般而言，这种能力就是辨识机会能力、适应能力和配置资源能力。任何企业都是在一定的环境

下生存的，我国汽车企业在发展过程中，要根据技术、经济、社会、政治等环境的变化，积极调整企业的发展战略，及时发现机会，规避风险，利用企业的现有资源来重新配置以适应环境的新变化。

②知识创新能力。知识创新能力是对知识的获取、消化、转移与利用以产生新知识的能力，对企业而言，通过组织学习可以对知识进行鉴别、转换、探索以产生新知识，从而使得企业整合资源的能力得以提升。为了在动态变化的环境中保持竞争优势，企业需要不断地更新知识，并把这些知识运用到研发产品、改善流程和组织决策等方面。因此，企业要善于获取自身发展所需要的知识，把从外部获取的知识及时地进行消化吸收后变成企业自己的知识，然后进行分类和转换，把新知识运用到企业的生产经营过程中，使得企业能在动态变化的环境中保持竞争优势。企业需要进行持续的组织学习，从而使得企业的知识始终处于动态更新的状态。

③社会网络能力。社会网络能力是企业在动态变化的环境中，运用可利用的机会来获得知识资源与技术资源等资源，从而实现企业目标的一种关系能力。随着信息技术的发展，越来越把组织学习放在重要的位置上，使产品的生命周期越来越短，产品越来越呈现出同质化的特点。因此，企业在发展的过程中，靠一己之力已经很难满足企业发展的需要，所以企业需要加强与各类相关组织的合作，包括供应商、消费者、经销商、竞争对手、科研组织等各利益相关者。对于所有企业而言，需要提升与各类组织合作的关系能力以进一步促进其自身的发展，从而获得更佳的协同效应。

4.2.2 学习提升机制和能力进化机制

（1）学习提升机制

在环境动态变化的过程中，支撑汽车企业动态能力的知识资源在应对新环境时会出现不适应性，所以汽车企业需要随环境变化调整自身的知识结构和知识存量，从而改善其动态能力。汽车企业更新动态能力的过程也是更新知识的过程，学习在这个过程中起着重要的作用，通过学习来调整知识，最终使得汽车企业核心动态能力得以提升。促进汽车企业动态能力提升的途径主要是组织学习、团队学习和个人学习，其中组织学习是十分重要的一方面。一般而言，组织学习的方式有两种：一是通过对企业生产经营过程中的有价值的经验进行积累，在这一过程中，人的能动性体现不明显；二是主动学习企业所不具备的知识，在这一过程中，人的主观能动性起决定性的作用。在学习的过程中，汽车企业的知识得以更新，企业的组织能力得以提升，从而对环境的适应性就更强了。团队学习和个人学习也是很重要的方面，通过这三种学习方式的交替进行，汽车企业的价值创造能力进一步加强，可以利用所学习的新知识，提升汽车企业在全球价值链上各环节的价值量。

（2）能力进化机制

由于环境具有动态变化的特点，汽车企业的核心动态能力呈现出生命周期性演化的特点，分别经历了产生期、成长期、成熟期和衰退期四个阶段。需要引起重视的是，在核心动态能力进入衰退期之前，汽车企业需要提升其动态能力，从而实现动态能力的不断进化。一般而言，企业的动态能力是渐进式发展变化的，实现企业动态能力不断进化的方式是完善的学习机制。学习机制需要具备适应性的特点，从而更适应环境变化。完善的学习机制基于积累经验、表述知识以及编码知识三类的学习活动。因此，从这个角度理解，汽车企业核心动态能力的本质是构建独特的知识体系，完善的学习机制能保证企业知识存量的动态更新和知识结构的动态优化，因此，汽车企业核心动态能力的提升过程有赖于汽车企业高效的学习系统。在汽车企业的学习过程中，通过单向学习、双向学习、内部学习、外部学习、个体学习、组织学习、探索性学习和利用性学习等不同手段，最终实现汽车企业动态能力的进化，如图 4.1 所示。

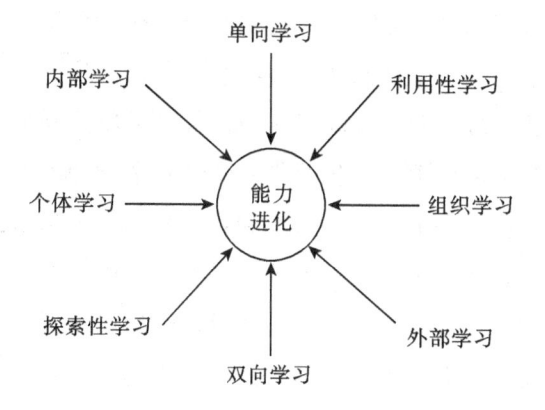

图 4.1　企业能力的进化机制

Fig. 4.1　Mechanism of enterprise capability evolution

4.2.3　全球价值链上价值量的提升

汽车企业是汽车产业的重要构成部分,汽车产业内企业的升级是汽车产业整体升级的基础。汽车产业升级的维度主要体现在其全球价值链上价值量的提升。根据全球价值链理论和施振荣所提出的微笑曲线,我国汽车产业全球价值链的价值量分布如图4.2所示。

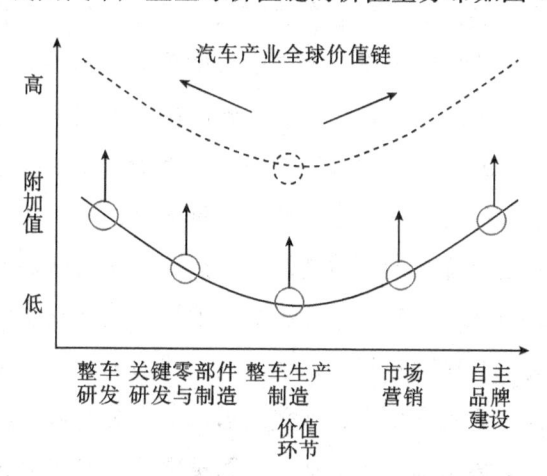

图 4.2　汽车产业全球价值链的价值量分布

Fig. 4.2　Distribution curve of magnitude of value of automobile industry GVC

一般而言，汽车企业的价值量主要分布在整车研发、关键零部件研发与制造、整车生产制造、市场营销和自主品牌建设等价值环节。汽车企业通过培养核心动态能力，可以不断提升全球价值链上各个价值环节上的价值量，从而最终带动整个产业的升级，在汽车价值链的各个价值环节中整车研发和自主品牌的价值量最大，关键零部件研发与制造和市场营销的价值量次之，最低的是整车生产制造。但是总体来说我国汽车工业的发展层级还比较低，所以全球价值链上各价值环节上的价值量都有提升的空间，特别是对于价值量高的环节可以作为提升的重点，同时也要夯实价值量低的环节，因为这些环节是汽车产业得以发展的基础。

周煜（2007）提出随着竞争的加剧，汽车产品的技术含量越来越高，使得价值链的增值环节分化为更多更细的环节，价值链的结构也变得更复杂。对于任何一家汽车企业而言，很难完成从汽车产品的研发设计、生产制造到营销服务等所有价值链环节。主要原因体现在两个方面：一是，一家汽车企业很难有精力做好价值链上的所有环节的工作；二是，一个汽车企业很难在价值链上的每一个环节都具有竞争优势，由于市场竞争的压力，每个汽车企业都倾向于集中优势资源来从事能给企业带来最大增值空间的价值链环节，在这种背景下，价值链上的各个环节开始慢慢由不同的企业来共同完成（包建华，2009）。为了更好地在市场上生存，对于每个汽车企业而言，生产经营的首要任务是系统分析价值链，通过比较分析搜寻出比竞争对手更有优势的价值链环节，然后集中力量做好这一价值环节的工作，而把不具有竞争优势的价值环节逐步从企业的生产经营中分离出去。在这种趋势下，很多汽车跨国公司都把不具备比较优势的零部件企业剥离出去，如美国通用汽车公司剥离其零部件生产企业，促成了德尔福公司的成立，而美国福特汽车公司也剥离其零部件生产企业，促成了伟世通公司的成立，之后这两家跨国公司都通过全球采购的方式来满足其生产经营过程中对汽车零部件的需求。汽车企业的这些行为进一步促进了产业分工的细化，使得汽车整车企业集中优势资源以完成能给其带来最大价值的产业环节，所以，强化汽车企业价值最大的环节是强化汽车企业竞争优势的主要手段（卜国琴，2009）。

由于价值链上不同价值环节由不同的企业来完成，因此价值量越高就越具有吸引力，使得跨国汽车公司的竞争优势越来越体现在研发、营销、品牌建设等环节（程新章，2005）。因此，跨国汽车公司慢慢地奠定了其在全球价值链中的主导地位（陈树文，2005）。对我国汽车企业而言，在合资的过程中，我国合资汽车企业从事价值链上的生产环节的工作，而跨国汽车公司控制着其他高价值含量的环节（池仁勇，2006）；由于跨国零部件制造商与跨国整车汽车企业之间的战略合作关系，限制了我国汽车零部件企业的发展（杜龙政等，2010），我国汽车零部件企业需要提升研发能力来提升其在国际上的竞争地位（焦媛媛，2009）。

（1）整车研发

在全球价值链中产品研发是决定汽车产品的竞争能力的重要影响因素之一，也是能提升汽车企业盈利水平的一个重要环节。基于对竞争优势的关注，汽车企业了解产品研发环节在全球价值链上所占的重要位置，所以，跨国公司十分重视研发环节，以期能获得较好的盈利水平和竞争优势。研发活动决定了汽车产品的技术含量和附加值的大小，高水平的研发活动能培育企业独特的能力，从而慢慢形成汽车产品的技术壁垒，还能进一步缩短汽车产品的生命周期，使得汽车企业可以获得更多的无形资产。汽车企业通过整车研发活动可以把无形的知识资源转化为企业的市场资源（冯鹏义，2007）。

（2）关键零部件研发与制造

关键零部件研发与制造是汽车产业全球价值链中具有较高价值的基础环节之一。在以市场换技术的过程中，由于跨国汽车公司与跨国零部件公司的战略合作关系，跨国汽车零部件公司随着跨国汽车公司进入中国市场而来到中国，从而在一定程度上限制了我国汽车零部件企业的发展，因此我国汽车零部件企业的研发能力较弱，竞争能力不强（寇小玲，2008）。而汽车零部件企业是整车企业的发展基础，而目前我国汽车零部件企业与整车企业之间的战略合作关系并不强，因此关键汽车零部件的研发与制造水平不高。汽车零部件企业的低水平发展导致了我国整车企业的发展水平不高。

（3）整车生产制造

整车生产制造是指运用生产技术、生产设备、质量管理体系和生产人员，将原材料转化成整车产品的能力，它通过整车产品使其在市场中的竞争力得以体现。汽车企业通过生产制造这一过程可以实现企业的知识资源向产品资源转移（李显君，2009）。生产制造水平决定着汽车产品的成本和质量，同时也体现了其满足消费者个性化需求的能力，对产品的竞争优势起重要支撑作用。

（4）市场营销

市场营销环节是全球价值链上价值量较高的环节之一（陈锟，2009），培育市场营销能力是此环节的重点，市场营销能力是企业运用营销技术、营销媒介与营销人员，将企业产品与服务中所包含的价值传递给中间商与用户的能力（陈锟，2010）。随着市场竞争的加剧，市场营销能力对于企业竞争优势的作用日益凸显出来。渠道能力是市场营销能力中的重要组成部分，奇瑞汽车公司的渠道能力有典型的特色（封凯栋，2007）。在奇瑞汽车公司十几年的发展历程中，曾先后出现4S渠道模式、分网销售渠道模式、直营店销售方式、奇瑞汽车城渠道模式，这些渠道模式的推出是根据实际市场需要和积极解决现实渠道中的冲突而进行的，最终实现了经销商价值和消费者价值的提升（刘宇，2010）。

（5）自主品牌建设

菲利普·科特勒指出，品牌是一种名称、术语、标记、符号或设计，或是它们的组合运用，其目的是区分不同企业销售的产品或服务。在市场竞争的过程中，由于企业的自主创新行为，使得企业具有了自主知识产权的核心技术，随着企业自主知识产权的增加，企业的自主品牌价值不断提升。对汽车企业来说，品牌意味着优良的质量、卓越的性能和周到的服务，汽车品牌中所蕴含的汽车文化能显示出消费者的文化倾向（庞丽等，2008）。

在动态的环境中汽车企业要培养市场感知能力、知识创新能力和社会网络能力等核心动态能力，通过学习提升机制和能力进化机制这两个中介变量来实现企业在全球价值链上价值量的提升（刘宇等，2012），汽车企业升级的微观机理概念模型如图 4.3 所示。

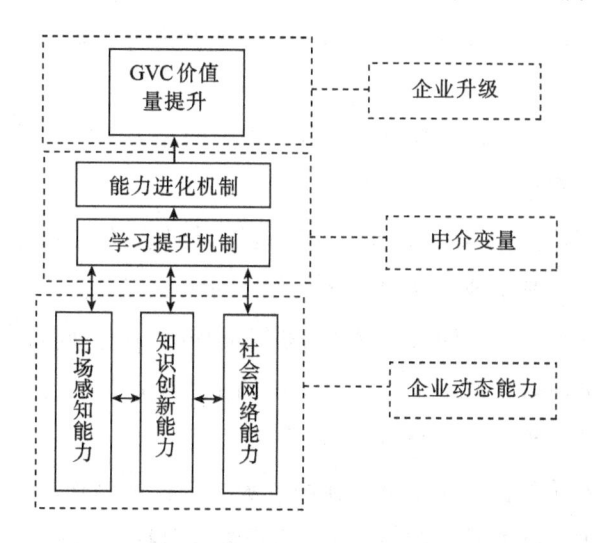

图 4.3 汽车企业升级的微观机理概念模型

Fig. 4.3　Conceptual model of micro mechanism of automobile industry upgrading

4.3　全球价值链下我国汽车产业升级微观机理实证研究

4.3.1　研究设计与方法

本研究基于微观企业层面，采用企业问卷调查的方式进行实证研究，下文将从设计问卷、收集数据、度量变量和分析方法等方面进行阐述。

1. 问卷设计

（1）调查问卷设计过程

本问卷总体设计采用李克特五点量表设计，运用定性与定量相结合的方法（李怀祖，2000）。本研究的构思与问卷设计过程如下。

①第一阶段：文献研究与初步构思。通过研究关于市场感知能力、知识创新能力、社会网络能力、学习提升机制、动态能力、全球价值链等国内外文献，对我国汽车产业升级机理调查问卷进行初步构思。

②第二阶段：征求意见与建议。通过向相关专家征求意见和建议，准备了实地调研的访问提纲。

③第三阶段：实地调研。选择了多家典型汽车企业进行实地调研，调研对象是企业内从事技术工作、质量管理工作、市场管理工作的高层领导。通过调研情况，分析访问提纲和调查问卷。

④第四阶段：修改问卷。以实地调研的反馈信息为基础，进一步研究文献，最后对调查问卷进行修改。

⑤第五阶段：问卷定稿。在小范围内进行试调查，根据试调查的情况对调查问卷进行调整，最终完成调查问卷（具体参见附录）。

（2）问卷的基本内容

本研究所设计的调查问卷包括七个方面的基本内容。

①公司基本信息。包括公司类型、性质和位于行业中的地位等。

②市场感知能力。包括对环境的变化、对竞争对手的情况和对顾客的变化的感知。

③知识创新能力。包括知识获取、知识消化和知识利用。

④社会网络能力。包括与合作伙伴的协调、与合作伙伴的关系、与合作伙伴的知识和与合作伙伴的交流。

⑤学习提升机制。包括员工学习、团队学习和组织学习。

⑥能力进化机制。包括个人能力提升、团队能力提升和组织能力提升。

⑦企业全球价值链上价值量的提升。包括企业在整车研发、关

键零部件的研发与制造、整车生产制造、市场营销和品牌价值等价值量的提升。

2. 数据收集

本次问卷总共发放 560 份，经过对回收的问卷进行完整性检查后，删除不符合要求的问卷，回收有效问卷 420 份，有效率达 75%。

3. 变量测量

（1）被解释的变量

本研究中企业全球价值链上价值量的提升作为被解释的变量。目前针对全球价值链的研究较多，但是对于全球价值链上价值量的度量研究较少，有的学者把企业的价值过程作为全球价值链上价值量的度量指标，有的学者把企业的生产过程作为全球价值链上价值量的度量指标。通过对现有文献的综合分析，本研究将整车研发、关键零部件的研发与制造、整车生产制造、市场营销和品牌价值作为企业全球价值链上价值量的度量指标。

（2）解释变量

企业动态能力的差异可能是导致企业在全球价值链上价值量提升的关键因素，本研究选取了表现企业动态能力的三个要素作为本研究的解释变量。基于对企业核心动态能力的相关文献研究及实地调研情况，设计了以下问题：

①市场感知能力。Hitt 和 Ireland（1986）通过产品策略、促销策略、价格策略、分销策略四个变量测量了市场营销能力。周寄中（2002）从顾客认知能力、竞争认知能力与市场开发能力测量市场营销能力。有学者对市场营销能力的体系进行了研究，程艳霞（2005）认为市场营销能力体系包括：一是核心文化力，主要是企业文化的作用力；二是主导产品力，包括渠道力、销售力、品牌力与价格力，这是营销资源的综合运用能力；三是支撑执行力，它能使市场营销能力的作用完全发挥且获取竞争优势的支撑力量（刘国新，2001）。

通过对市场感知能力的相关文献进行研究，并结合实地调研的情况，本研究确定了对环境的变化、对竞争对手的情况和对顾客变化的感知三个指标。

②知识创新能力。关于知识网络的构成，国外学者进行了研究，Hakonsson（1987）提出知识网络的三个基本组成要素是行为主体、网络活动与资源。其中，行为主体包括个人、企业、科研院所、政府与服务机构等；网络活动指网络主体间所进行的信息传递和资源要素流动等活动；资源包括人力资源、知识资源与技术资源等。Seufertetal（1999）提出知识网络由行为主体、行为主体间的关系和在相互关系中各行为主体所运用的资源与制度三方面构成。国内学者也对知识网络进行了研究，李丹等（2002）提出企业知识网络包括网络核心组织、网络从属组织、共享知识资源、信息网络平台和知识管理活动五项要素。还有学者从产业集群的角度对知识网络的构成进行了研究，成伟等（2006）认为产业集群的知识网络由知识单元、知识活动与知识三大要素构成。其中，知识单元是产业集群内拥有的个体知识和集群公共知识的能动性主体，包括生产商、运输商、批发商、消费者、零售商、经纪人以及政府、教育与培训组织、中介组织机构等。知识活动包括知识学习、知识创造、知识扩散、知识整合与知识吸收等，是知识单元有意识或无意识的知识行为。知识是指集群企业与利益相关者在生存与发展的过程中所形成的技术、经验、信息和认知等。另有学者对知识网络的构成进行研究，马德辉（2008）认为企业知识网络具有多种表现形式。一般而言，企业知识网络包括核心层、中间层和外围层三层，其中，核心层由与知识管理相关的员工组成，他们对知识管理工作进行深入研究，积极推进企业的知识管理工作，为企业的发展出谋划策；中间层由知识管理部门以外的其他部门成员组成；外围层由供应商、分销商、客户、竞争对手和科研机构等利益相关者组成。

基于知识创新能力的相关文献及实地调研，设计了知识获取、知识消化和知识利用三个具体指标。

③社会网络能力。Ritter 和 Gemunden（2003a）提出网络能力存在于企业网络组织管理的过程中，他们从两个方面测量网络能力：

一是资质条件，即企业从事网络构建与管理活动所需要的技能和知识等资源；二是任务执行，即企业有效地运用这些技能和知识等资源完成特定的任务。马刚（2005）认为 Ritter 和 Gemunden（2003b）的测量方法虽然认识到了网络能力的动态特征，但不能全面地揭示网络能力演化的本质特征，即组织间的动态学习机制。他在对浙江两个产业区进行实证研究的基础上，提出网络能力由资质条件、任务执行及组织学习三个方面构成。资质条件包括专业技能与社交能力，任务执行分为特定单项任务与多重关系任务。组织学习是企业在网络任务中创造和使用知识的组织活动，是企业网络能力动态演化的机制，它包含在企业对外交流与合作工作的惯例中。组织学习包括学习忠诚、共享远见、团队倾向与组织内部知识共享四个方面。Walter 等（2006）在研究中用协调、关系技能、合作伙伴知识与交流来衡量企业的网络能力。其中，协调包括建立与使用双方正式的职能与工作程序解决冲突的机制；关系技能指处理与各利益相关者合作的能力；合作伙伴知识指有业务关联的企业间知识的积累、存储、应用和分享；交流指企业间产品、信息、服务、技术诀窍和人员之间的交流。

基于以上相关文献的研究，结合实地调研的情况，本研究设计了与合作伙伴的协调、与合作伙伴的关系、对于合作伙伴的知识、与合作伙伴的交流4个具体指标。

问卷总体设计按照定性与定量相结合的方法，基于李克特五点量表进行设计，1表示"非常不同意"，2表示"不同意"，3表示"不能确定"，4表示"同意"，5表示"非常同意"。

（3）中介变量

本研究将学习提升机制和能力进化机制作为中介变量，通过大量文献研究和实地调研，并设计了以下问题：

①学习提升机制。许多学者对学习与企业竞争优势之间的关系进行了研究，Prahalad 和 Hamel（1990）把能力或特长定义为组织能够做好的工作，而一个组织能够做得比其他组织好，就存在着核心

能力或特长。Himt 和 Morgan（1996）把组织学习看作是能够产生竞争优势的一种重要资源，所以组织学习与能力及特长间存在着紧密的联系。Lawson 和 Lorenz（1999）提出企业的能力与特长等都与其所拥有的知识类型有密切关系，组织学习是产生知识的过程。也有学者对学习机制进行了研究，Crossanet 等（1999）对个人、组织内部与组织三个层面的学习机制进行研究，认为学习开始于潜意识的个人直觉，通过个人与组织内部的其他成员共享而得到解释，然后步入组织层面，通过吸收与制度化，最后植入组织的系统、规程与结构。有学者对学习和经济绩效间的关系进行了研究，Caniels 等（2003）认为企业的经济绩效是连续学习的结果，而其基础是企业所拥有的资源，包括个人的技能与知识、有形资产与组织规程。Marengo（1992）认为组织学习的核心内容有：组织学习依赖于组织成员的某些共享性知识，这些知识大部分是隐性的，并存在于组织规程与运作程序中；组织学习存在着惯性；整合企业的知识可以得到新的知识。

在以上研究的基础上，本研究认为学习提升机制包括员工学习、团队学习和组织学习三个具体指标。

②能力进化机制。Montgome 和 Hariharan（1991）提出具有比较宽的资源基础的企业更倾向于选择多样化的战略。这些资源具有公共产品的某种特性，可以在多个领域应用这些资源，因此，多样化战略得益于这些多用途的资源。然而，即使存在着范围经济，单业务的企业仍比多样化的企业具有更高的运作效率。Perteraf（1993）提出企业拥有越多的公共资源，就越有利于其获得更广泛的发展机会。但是随着进入市场的竞争者增多，资源的利用效率会降低，从而导致回报降低。Teece（1997）提出能力的发展被紧紧围绕组织学习目标的企业惯性所驱使，企业一般都避免实施与原有能力不相关的活动，所有战略性的、特有的重要能力只会在企业内部展开。对企业多样化战略实施的分析中经常有对组织学习与能力的研究（Foss，2000）。

基于以上研究基础,本研究认为能力进化机制包括个人能力提升、团队能力提升和组织能力提升3个具体指标。

4. 分析方法与程序

本研究以问卷调查的方式收集数据,然后将所收集到的数据先后进行信度检验、效度检验和结构方程建模与拟合等分析工作。本研究所使用的分析软件为 SPSS Windows13.0 版和 AMOS7.0 版。

(1) 信度检验

信度是指标的正确性(Accuracy)或精确性(Precision),也是指衡量结果的稳定性(Stability)与一致性(Consistency)。遵循研究的惯例,本研究采用内部一致性来衡量设置变量的信度(通常用 Cronbach's α 值来表示)。一般而言,信度是效度的必要条件,所以在做效度检验之前应该先做信度检验。下面采用 Cronbach's α 值进行问卷的信度分析。信度系数与测量的可信程度成正比。DeVellis(1991)认为信度的评价标准是:0.60~0.65,最好不要;0.65~0.70,最小可接受值;0.70~0.80,相当好;0.80~0.90,非常好。本研究用 SPSS 对数据进行统计处理,得到表 4.1,从表中数据可以看出,所有变量的 Cronbach's α 系数大于 0.70。

表 4.1 信度检验表

Table 4.1 Reliability test table

调查题目	市场感知能力	知识创新能力	社会网络能力	学习提升机制	能力进化机制	企业全球价值链上价值量的提升
Cronbach's α	0.902	0.912	0.955	0.952	0.965	0.931
Cronbach's α	0.984					

因此可以判断该问卷具有很好的信度,所以通过问卷调研所得数据是有效和可信的,能够满足统计分析的需要。

(2) 效度检验

效度是指标能够真正测度变量的程度。效度高表明测度的结果能够真正显示出所要测量变量的真正特征。一般而言,效度衡量通常包括内容效度（content validity）和构建效度（construct validity）两方面。内容效度指问卷内容的代表性，也是理论建构过程中涵盖研究主题的程度。为了取得更好的内容效度，本研究在相关理论分析的基础上，结合调研的实际情况，反复修正调查问卷。构建效度是指测量出理论的概念与特征的程度。吴明隆（2003）认为因子分析（Factor Analysis）是检验构建效度的常用方法，可以很好地检验研究所涉及变量是否有一套正确的、可操作性的测度。

马庆国（2002）认为探索性因子分析中各题项因子载荷的最低可接受值为0.5。

（3）结构方程建模与拟合

结构方程模型（Structural Equation Modeling）是基于变量的协方差来分析变量之间关系的一种统计方法。通过综合运用回归分析、路径分析和因子分析，来解释一个或多个自变量与一个或多个因变量之间的关系，测量自变量对因变量的直接和间接影响。结构方程模型可分为测量模型（Measurement Model）分析或称验证性因子分析（Confirmatory Factor Analysis，CFA）与结构模型（Structural Model）分析。一般而言，结构方程模型主要具有验证性功能，研究者利用一定的统计手段对复杂的理论模型加以处理，并根据模型与数据关系的一致性程度对理论模型做出适当评价，从而达到证实或证伪研究者事先假设的理论模型的目的。

在效度与信度检验之后，本研究将在我国汽车产业升级的微观机理概念模型基础上，运用结构方程模型法来检验结构模型与样本数据的拟合情况，分析找出模型中拟合欠佳的部分，并做出修正，最终产生一个最佳模型，所采用的分析软件为 AMOS 7.0。对于结构方程模型分析的步骤，侯杰泰等（2004）认为应用结构方程模型一般可以粗略分为四个步骤：①模型建构，确定观测变量与潜变量的关系及各潜变量之间的相互关系；②模型拟合，即对模型参数的估计，最常用的模型参数估计方法是最大似然法和广义最小二乘法；③模型评价，分析结构方程的解是否适当，常用整体拟合指数，如

TLI、CFI、RMSEA 等，以衡量模型的拟合程度（MacCallumetal，1996）；④模型修正，如果模型不能很好地拟合"修正指数"Ml 和"期望改变量"CH 的数值时进行模型修正。在修正的过程中，每次只能放宽一个固定参数，逐个进行。

4.3.2 信度检验

检验信度的一般指标是 Cronbach's α 一致性系数，这个系数决定了变量测度的各题项间以多高频率保持相同的得分（Truran，2001），较高的一致性系数才能保证变量的测量符合信度要求。内部一致性系数最适合同质性检验，即检验每个因素中的各个项目是否测量相同和相似的特性。通常在做信度检验时，可根据每一个项目中项目分数与总分的相关性，来删除可能不具信度的题项（即 Alpha If Item Deleted）。如果每个量表的分值都比较接近总体的系数值，说明随着去掉某些项目，系数值没有变化，表明各个项目与总体 α 具有相关性与一致性。一般情况下，根据经验判断方法，保留在变量测量中的题项对所有题项（Item-Total Correlation）的相关系数应大于 0.50，并且测度变量的 Cronbach's α 值应大于 0.70（Nunnally，Bernstein，1994）。

市场感知能力量表信度分析的结果见表 4.2，对于环境的变化、对于竞争对手的情况、对于顾客的变化的 Cronbach's α 系数分别为 0.832、0.707、0.869。而知识创新能力量表信度分析的结果见表 4.3，其 Cronbach's α 系数为 0.912。社会网络能力量表信度分析的结果见表 4.4，其 Cronbach's α 系数为 0.955。学习提升机制量表信度分析的结果见表 4.5，其 Cronbach's α 系数为 0.952。能力进化机制量表信度分析的结果见表 4.6，其 Cronbach's α 系数为 0.965。企业全球价值链上价值量的提升量表信度分析的结果见表 4.7，其 Cronbach's α 系数为 0.931。各因素及各变量的 Cronbach's α 系数都在可接受的范围，Item-Total Correlation 均在 0.5 以上，同时每个量表的分值都比较接近总体的系数值（由 Alpha If Item Deleted 知），这表示本量表具有较好的信度。

表 4.2 市场感知能力量表的信度分析
Table 4.2 Reliability analysis of market-perceived capability

问题项	Item-Total Correlation	Cronbach's Alpha if Item Deleted	Coefficient Alpha (Cronbach's α)
对于环境的变化			0.832
1）关注汽车行业产业政策并及时调整企业战略	0.338	0.908	
2）关注新技术的发展并加以应用	0.771	0.736	
3）能敏锐地感觉到环境变化所带来的机会或威胁	0.806	0.717	
4）经常有效利用新市场中的新机会	0.767	0.740	
对于竞争对手的情况			0.707
5）销售人员了解并共享竞争对手的信息	0.627	0.487	
6）对于竞争对手的竞争行动做出及时的应对	0.454	0.698	
7）企业高层经常对竞争对手的竞争战略进行研讨	0.506	0.647	
对于顾客的变化			0.869
8）能较快地觉察到顾客需求的变化及发展趋势	0.845	0.802	
9）能较快地感知到顾客购买力的变化	0.617	0.859	
10）市场调研及预测能力强	0.638	0.861	
11）及时将收集到的顾客变化信息传递给相关部门	0.781	0.819	
12）与相关部门之间有很好的合作沟通机制	0.615	0.860	
市场感知能力			0.902

表4.3 知识创新能力量表的信度分析
Table 4.3 Reliability analysis of knowledge innovation capability

问题项	Item-Total Correlation	Cronbach's Alpha if Item Deleted	Coefficient Alpha (Cronbach's α)
知识获取			0.890
13）企业能有效地识别、搜寻和获取所需要的知识	0.767	0.856	
14）企业能准确评估从外部获取知识的价值	0.782	0.857	
15）有稳定且不断增长的外部知识源	0.760	0.862	
16）能快速理解从外部获取的所需要的知识	0.758	0.860	
知识消化			0.719
17）对获取的知识能进行组织分析	0.656	0.832	
18）有专门的人员对获取的知识进行解释以便于员工的理解	0.707	0.810	
19）企业有专门的部门对外部知识进行协调、促进和评估	0.701	0.812	
20）企业能很好地融合新旧知识	0.732	0.798	
知识利用			0.836
21）企业建立了高效的利用外部知识的程序	0.559	0.833	
22）利用新知识开发新产品	0.724	0.778	
23）利用新知识改善流程	0.479	0.842	
24）利用新知识进行组织决策	0.705	0.785	
25）利用新知识开创新的事业	0.76	0.767	
知识创新能力			0.912

表4.4 社会网络能力量表的信度分析

Table 4.4 Reliability analysis of social web capability

问题项	Item-Total Correlation	Cronbach's Alpha if Item Deleted	Coefficient Alpha (Cronbach's α)
与合作伙伴的协调			0.92
26）能经常得到合作伙伴的支持	0.846	0.886	
27）合作双方能指定协调人负责合作双方的关系	0.794	0.904	
28）能从合作伙伴获得所需的资源	0.867	0.879	
29）合作双方能告知彼此的战略目标和潜能	0.767	0.915	
与合作伙伴的关系			0.917
30）能与商业合作伙伴建立良好的关系	0.724	0.928	
31）经常与合作伙伴建设性地解决问题	0.822	0.888	
32）能灵活地处理与合作伙伴的关系	0.848	0.883	
33）能站在合作伙伴的角度换位考虑问题	0.871	0.870	
对于合作伙伴的知识			0.894
34）非常了解合作伙伴的市场	0.672	0.909	
35）非常了解合作伙伴的产品和服务	0.878	0.824	
36）非常了解合作伙伴的优劣势	0.827	0.845	
37）非常了解合作伙伴的潜能和战略	0.728	0.877	
与合作伙伴的交流			0.873

续表

问题项	Item-Total Correlation	Cronbach's Alpha if Item Deleted	Coefficient Alpha (Cronbach's α)
38）合作双方的员工经常举行非正式交流	0.570	0.896	
39）因合作项目，与合作伙伴经常举行会议	0.791	0.811	
40）和合作伙伴经常在合作项目和相关领域沟通	0.821	0.799	
41）管理者和员工经常能得到合作伙伴的信息反馈	0.738	0.833	
社会网络能力			0.955

表4.5 学习提升机制量表的信度分析

Table 4.5 Reliability analysis of study of lifting mechanism

问题项	Item-Total Correlation	Cronbach's Alpha if Item Deleted	Coefficient Alpha (Cronbach's α)
员工学习			0.943
42）重视员工的学习、培训与知识更新	0.901	0.901	
43）重视技术创新或管理创新	0.906	0.901	
44）企业在促进技术创新和知识积累方面有相当完整的规定	0.842	0.949	
团队学习			0.930
45）经常开展团队学习活动	0.845	0.908	
46）有一套完善的团队学习机制	0.923	0.851	
47）团队内部成员之间的学习效果好	0.811	0.940	
组织学习			0.876
48）具有完善的从经验中学习的机制	0.720	0.864	

续表

问题项	Item-Total Correlation	Cronbach's Alpha if Item Deleted	Coefficient Alpha (Cronbach's α)
49）认为组织学习是获取公司竞争优势的重要因素	0.791	0.810	
50）经常性地向顾客、供应商、经销商、科研机构等战略伙伴学习	0.790	0.800	
学习提升机制			0.952

表4.6 能力进化机制量表的信度分析

Table 4.6 Reliability analysis of capability evolution mechanism

问题项	Item-Total Correlation	Cronbach's Alpha if Item Deleted	Coefficient Alpha (Cronbach's α)
个人能力提升			0.930
51）注重员工能力的提升	0.857	0.900	
52）帮助员工提升能力	0.882	0.878	
53）对员工能力进行常规测评	0.836	0.918	
团队能力提升			0.944
54）团队成员之间互相帮助提升对方的能力	0.875	0.926	
55）团队之间经常相互学习以提升能力	0.939	0.879	
56）团队经常有从外部学习的机会以提升能力	0.843	0.952	
组织能力提升			0.944
57）企业根据环境变化不断提升自身能力	0.873	0.926	
58）企业注重知识的积累以不断提升能力	0.916	0.893	
59）企业主动学习以提升能力	0.861	0.934	
能力进化机制			0.965

表4.7 企业全球价值链上价值量的提升的信度分析

Table 4.7 Reliability analysis of magnitude of value of GVC

问题项	Item-Total Correlation	Cronbach's Alpha if Item Deleted	Coefficient Alpha (Cronbach's α)
整车研发			0.787
60）用于自主研发的投入大	0.667	0.696	
61）用于技术引进的投入大	0.523	0.769	
62）拥有高素质的科研人员	0.631	0.715	
63）与高校或其他科研机构联合开发	0.557	0.753	
关键零部件的研发与制造			0.892
64）参与关键零部件的研发	0.848	0.793	
65）参与关键零部件的制造	0.879	0.764	
66）业务外包	0.665	0.946	
整车生产制造			0.921
67）企业标准化程度高	0.746	0.913	
68）企业生产设备对产品变动的应变能力强	0.787	0.904	
69）企业对于生产工艺进行重大改进能力强	0.875	0.886	
70）企业在生产制造过程中经常进行开发创新	0.873	0.887	
71）有严格的质量保证体系并能够有效地实施	0.697	0.921	
市场营销			0.889
72）具备完善的营销信息系统	0.679	0.890	
73）能快速地处理顾客的反馈信息	0.889	0.816	
74）针对市场变化开发有效的营销项目	0.666	0.890	
75）能不断推出新的营销举措并带来良好的经济效益	0.826	0.830	
品牌价值			0.929

续表

问题项	Item-Total Correlation	Cronbach's Alpha if Item Deleted	Coefficient Alpha (Cronbach's α)
76）每年的全国五百强排名在前200位	0.540	0.824	
77）每年在全国五百强中排名都前进几位	0.716	0.659	
78）品牌价值占产品售价的三分之一以上	0.725	0.631	
企业全球价值链上价值量的提升			0.931

4.3.3 效度检验

本研究采用验证性因子分析法来进行效度检验，效度检验结果见表4.8，从验证性因子分析结果来看，所有项目的因子载荷都在0.6以上，说明问卷具有较好的结构效度。

表4.8 汽车产业升级微观机理因子分析表

Table 4.8 Factor analysis table of micro mechanism of automobile industry upgrading

调查题目	市场感知能力	知识创新能力	社会网络能力	学习提升机制	能力进化机制	企业全球价值链上价值量的提升
对于环境的变化	0.829					
对于竞争对手的情况	0.800					
对于顾客的变化	0.906					
知识获取		0.914				
知识消化		0.852				
知识利用		0.786				
与合作伙伴的协调			0.928			
与合作伙伴的关系			0.940			
对于合作伙伴的知识			0.955			
与合作伙伴的交流			0.710			
员工学习				0.901		

续表

调查题目	市场感知能力	知识创新能力	社会网络能力	学习提升机制	能力进化机制	企业全球价值链上价值量的提升
团队学习				0.947		
组织学习				0.903		
个人能力提升					0.941	
团队能力提升					0.960	
组织能力提升					0.908	
整车研发						0.915
关键零部件的研发与制造						0.805
整车生产制造						0.906
市场营销						0.757
品牌价值						0.815

4.3.4 结构方程检验

（1）初始模型构建

侯杰泰等（2004）认为结构方程一般可分为三类分析：纯粹验证、选择模型和产生模型。其中产生模型分析指事先建构一个或多个基本模型，检查模型的拟合情况，在理论研究和数据分析的基础上，修正拟合欠佳的部分，通过不断调整与修正进而产生一个最佳模型。在目前的管理研究中，尤其是采用问卷法收集数据的情况下，SEM 能有效弥补传统回归分析变量观测性、多重共线性等的弱点。

该模型通过 10 个外生显变量（A1，A2，A3；B1，B2，B3；C1，C2，C3，C4）来对 3 个外生潜变量（市场感知能力、知识创新能力、社会网络能力）进行测量，设置 11 个内生显变量（G1，G2，G3；Q1，Q2，Q3；Z1，Z2，Z3，Z4，Z5）来测量 3 个内生潜变量（学习提升机制、能力进化机制、企业全球价值链上价值量提升）。除了潜变量和显变量外，模型中还存在 e1~e21 共 21 个显变量的残余变量和 e22~e24 共 3 个潜变量的残差变量，它们的路径系数默认值为1。初始结构方程路径图如图4.4所示。

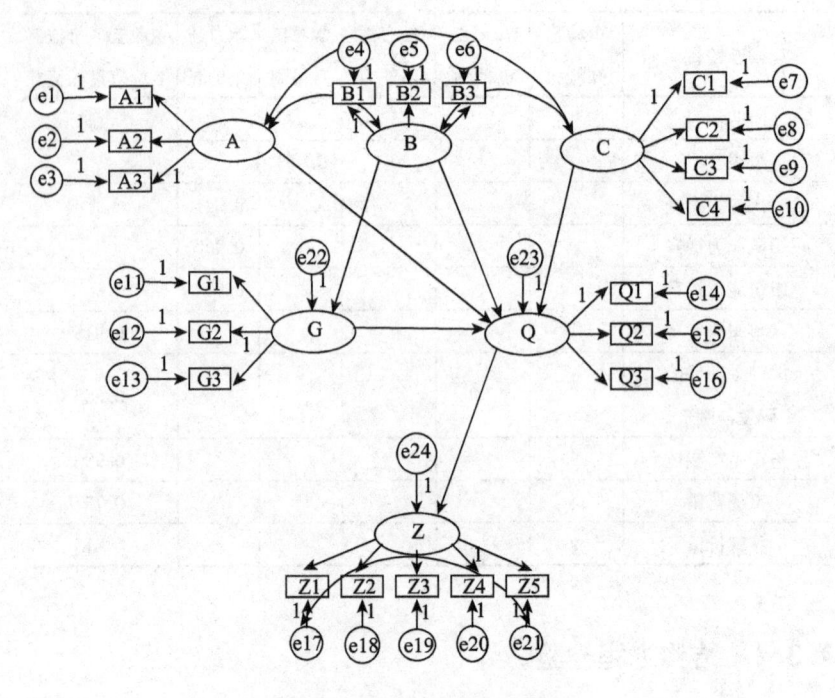

图4.4　初始结构方程路径图

Fig. 4.4　Initial path diagram of SEM

（2）初步模型拟合

关于结构方程模型中样本量大小的选择问题，侯杰泰等（2004）认为100~200个样本是比较合适的数量。本研究采用问卷调研的方法收回420份有效问卷，经过信度、效度检验后，认为问卷数据可靠，因此非常适合采用SEM对研究模型进行构建与拟合。本章量表中的数值采用相同的单位，采用ULS（unweighted or ordinary least squares）未加权或一般最小平方法可以获得最适当的估计结果。

模型评价的核心内容是模型拟合性，即模型输出的各种拟合指标需要满足要求。模型整体拟合适配度指数主要有三类：绝对拟合优度指数（x^2、$x^2/d.f.$、GFI、AGFI）、增量拟合适配度指数（TLI、CFI、NFI、RFI）和简约适配度指数（PGFI、PNFI、CN、NC、AIC、CAIC）。本研究选择 GFI、NFI、RFI、PNFI 四类指标作为评价结构模型的拟合指数，具体评判标准如下：

①GFI（goodness-of-fit index）为适配度指数，其值位于 0~1 之间，若 GFI>0.90 则模型可接受；GFI 越接近于 1，表明模型拟合越好。

②NFI（normed fit index），即赋范拟合指数，其值位于 0~1 之间，若 NFI>0.90，则模型可接受；NFI 越接近于 1，表明模型拟合越好。

③RFI（relative fit index），相对适配度指数，其值位于 0~1 之间，若 RFI>0.90，则模型可接受；NFI 越接近于 1，表明模型拟合越好。

④PNFI（parsimony-adjusted NFI），简约调整后的标准适配指数，若 RNFI>0.50，则模型可接受。

初步拟合后的结构方程路径系数图如图 4.5 所示，标准化回归系数见表 4.9，适配度指数见表 4.10。

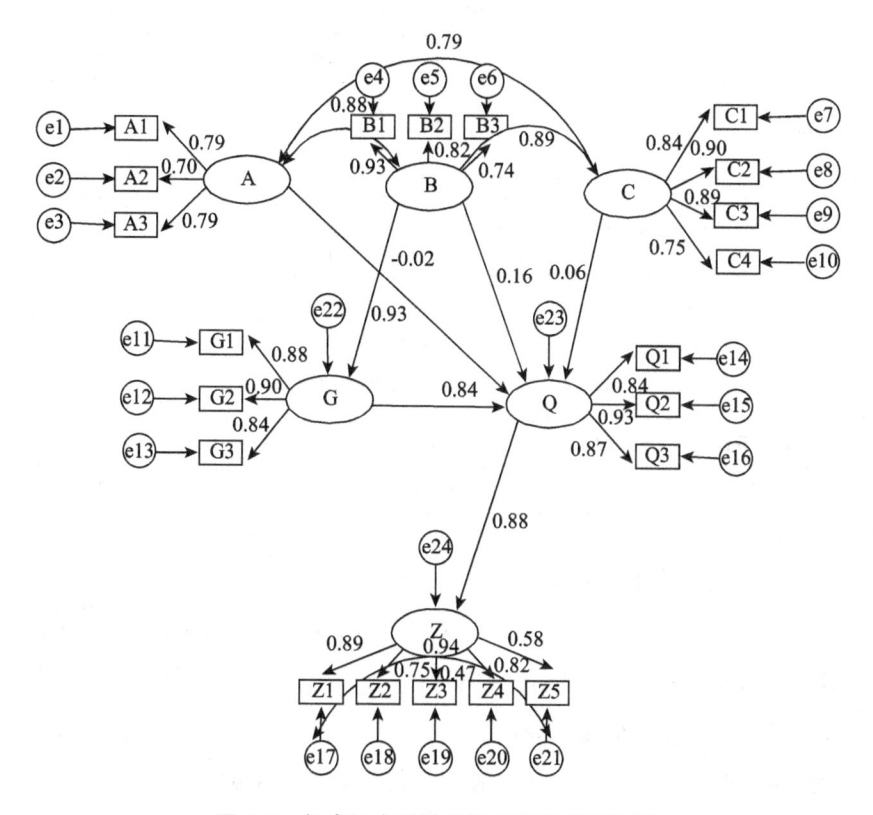

图 4.5 初步拟合后的结构方程路径系数图

Fig. 4.5 Path coefficient map of initial fitting of SEM

表 4.9 标准化回归系数表

Table 4.9 Coefficient table of standardized regression

变量关系			Estimate	变量关系			Estimate
G	←	B	0.926	C3	←	C	0.888
Q	←	A	−0.024	C4	←	C	0.754
Q	←	B	0.160	G3	←	G	0.838
Q	←	C	0.063	G2	←	G	0.898
Q	←	G	0.841	G1	←	G	0.882
Z	←	Q	0.884	Q1	←	Q	0.837
A3	←	A	0.793	Q2	←	Q	0.928
A2	←	A	0.702	Q3	←	Q	0.868
A1	←	A	0.791	Z4	←	Z	0.820
B1	←	B	0.931	Z3	←	Z	0.941
B2	←	B	0.818	Z2	←	Z	0.746
C1	←	C	0.840	Z1	←	Z	0.887
C2	←	C	0.901	Z5	←	Z	0.577
				B3	←	B	0.738

表 4.10 适配度指数表

Table 4.10 Goodness of fit index table

适配度指数	GFI	NFI	RFI	PNFI
数值	0.986	0.984	0.981	0.839

（3）模型修正与确定

经过模型拟合后发现，GFI = 0.986 > 0.90，NFI = 0.984 > 0.90，RFI = 0.981 > 0.90，PNFI = 0.839 > 0.50，表明理论模型与调查数据有较好的适配度，但是 PNFI 值还有提升的空间，也就是说模型的简约性还不够，需要对模型进行修正。修正后的模型如图 4.6 所示。

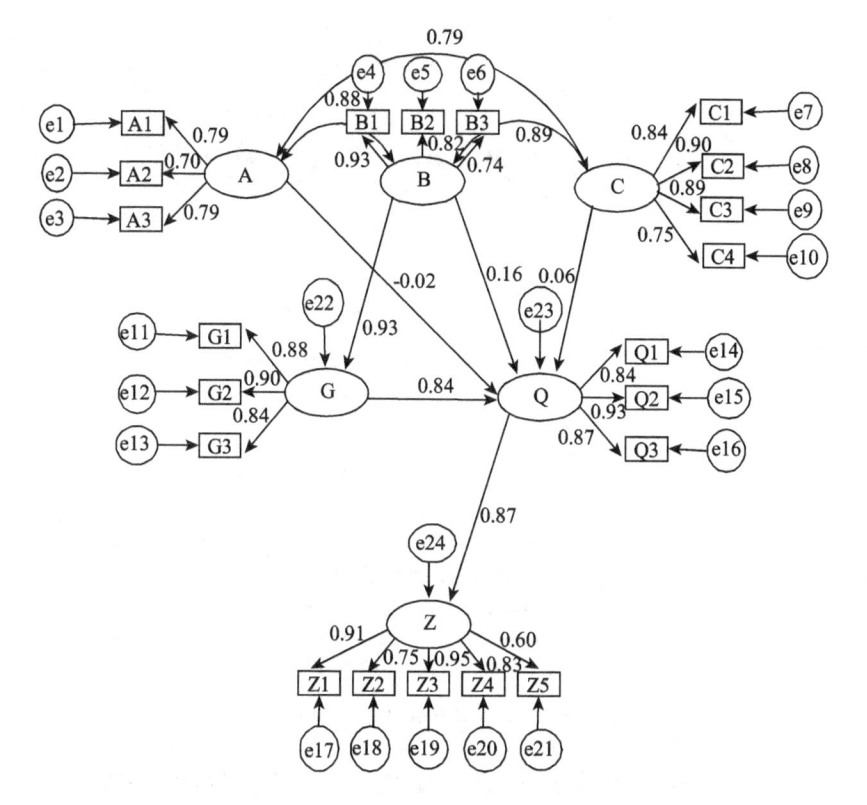

图 4.6　修正后的结构方程路径系数图

Fig. 4.6　Path coefficient map after modified of SEM

4.3.5　结果及讨论

(1) 模型直接得出的结论分析

根据 AMOS 模型拟合与修正，最终确定了我国汽车产业升级的微观机理概念模型，绘制了模型拟合结构简图，如图 4.7 所示。

研究结果表明，知识创新能力和社会网络能力正向作用于能力进化机制，进而促进了企业在全球价值链上的价值量的提升，知识创新能力正向作用于学习提升机制，进而促进了企业在全球价值链上价值量的提升。即学习提升机制和能力进化机制在企业全球价值链的价值量提升中起到了中介作用。

通过更为细致的分析发现了一些更具体和新颖的结论。

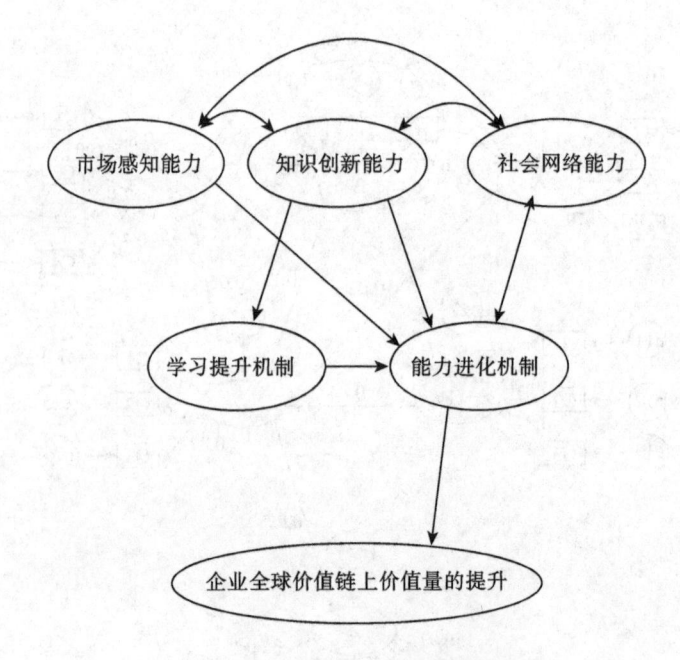

图 4.7 修正后的理论模型图

Fig. 4.7 Concept model after modified

第一，市场感知能力、知识创新能力和社会网络能力之间彼此相关。市场感知能力与知识创新能力的路径系数为 0.88，知识创新能力与社会网络能力的路径系数为 0.89，市场感知能力与社会网络能力的路径系数为 0.79。其中，市场感知能力与知识创新能力的相关性较大，社会网络能力与知识创新能力的相关性也较大，而市场感知能力与社会网络能力的相关性较小。可见知识创新能力对于其他两个能力的影响较大。

第二，知识创新能力通过学习提升机制和能力进化机制的中介作用，进而正向影响企业全球价值链上价值量的提升。知识创新能力与学习提升机制的路径系数为 0.93，与能力进化机制的路径系数是 0.16。从而发现企业知识创新能力是企业最重要的动态能力之一，企业应该重视知识创新能力的培养从而实现企业在全球价值链上价值量的提升。

第三，社会网络能力通过能力进化机制的中介作用，进而正向影响企业全球价值链上价值量的提升。社会网络能力与能力进化机制的路径系数是 0.6。企业应该进一步重视社会网络能力的培养，从而提升企业全球价值链上的价值量。

第四，学习提升机制正向作用于能力进化机制，从而最终提升企业全球价值链上的价值量，学习提升机制与能力进化机制的路径系数是 0.84，能力进化机制与全球价值链上价值量的提升的路径系数是 0.87。因此，企业应该更加关注学习，建立长效的学习机制。

（2）全球价值链下汽车产业升级微观分析

Humphrey 和 Schmitz（2002）在 Gereffi 分类的基础上提出了一种以企业为中心、由低级到高级的四层次升级分类方法：一是流程升级，即通过对价值链中某个环节的工艺、生产流程的改造或引进更先进的技术来提高生产效率；二是产品升级，即通过引进新产品、改造老产品或开发新产品来提高产品更新能力；三是功能升级，即获取价值链中新的更高的功能，如研发与营销功能，或放弃低附加值的环节而集中于更高附加值的环节，通过重新组合价值链环节来获取竞争优势；四是链条升级，即把从一个特定产业环节中获得的能力应用到新的领域或转移到一个新的产业。具体的升级分类见表 4.11。

表 4.11 全球价值链下产业升级四层次分类表

Table 4.11 Classification schemes of industry upgrading under GVC

升级的类型	升级的表现	升级的实践
流程升级	成本下降，产品研发能力提升	生产过程效率更高
产品升级	新产品和新品牌、提高市场占有率	新产品开发，比竞争对手更快的升级
功能升级	在价值链中的功能更关键，利润率更高	参与价值链中的环节具有更高价值
链条升级	市场占有率提升，新产品差异化，利润率更高	脱离原有的生产经营活动，参与一条全新的产业链

从产业升级的四层分类可以看出，前面三种升级类型即流程升级、产品升级和功能升级都是围绕着同一类产品而进行的，其生产过程都在同一个产业链条内，因此属于产业内的升级，其主要方式是提高企业的素质与效率，因此是微观意义的产业升级；第四类链条升级是不同产业链条间的转换，属于产业间的升级，主要方式是产业结构的调整与改善，因此是宏观意义的产业升级。

我国汽车产业微观意义升级属于产业内升级，通过市场感知能力、知识创新能力和社会网络能力等企业核心动态能力的培养，提升技术创新能力，最终实现从流程的升级到产品升级再到功能升级，从能力角度进行汽车产业升级的流程图如图4.8所示。

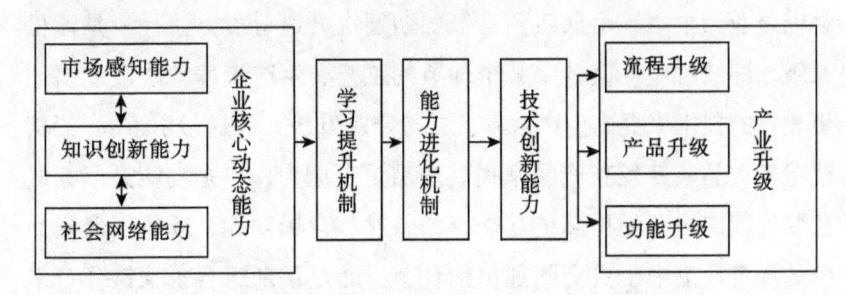

图4.8 从能力角度进行汽车产业升级的流程图

Fig. 4.8 Flow diagram of automobile industry upgrading based on capability

我国汽车企业在全球价值链下实现产业内的升级，就是实现从劳动密集型环节逐步向资本密集型、技术密集型甚至知识密集型的环节攀升。在我国汽车产业全球价值链中，本研究共选取了整车研发、关键零部件研发与制造、整车生产制造、市场营销和自主品牌五个关键环节，在这五个环节中，整车生产的技术含量低，属于劳动密集型环节，而整车研发、关键零部件研发与制造属于资本技术密集型，市场营销和自主品牌属于资本知识密集型。汽车产品分工链上的产业升级图如图4.9所示。

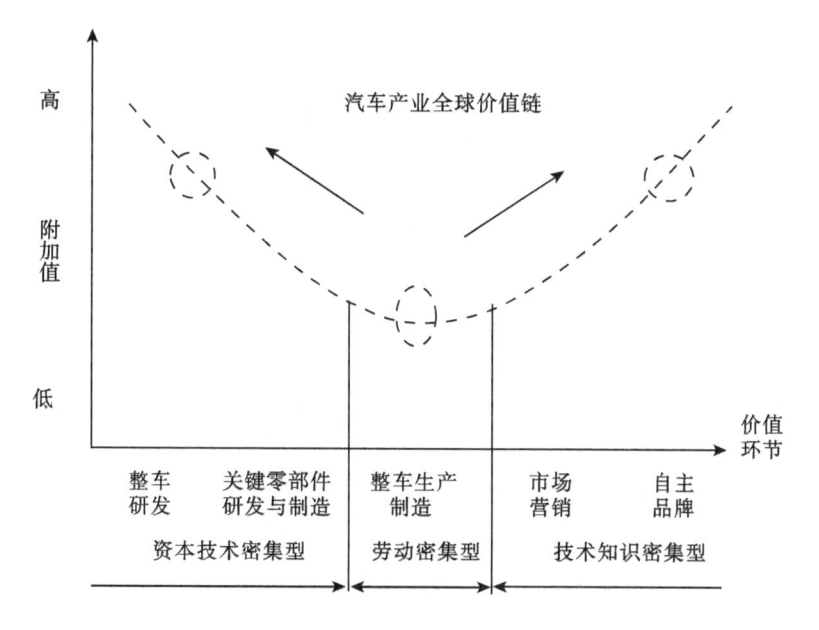

图 4.9　汽车产品分工链上的产业升级图

Fig. 4.9　Industry upgrading figure of automobile product division chain

  对于汽车企业而言，除了可以在同一产品分工链上思考升级外，还可以在同一产业内对产品结构升级进行思考。同一产品分工链上升级指沿着价值链上价值低环节向价值高环节攀升的过程，同一产业内的产品根据要素密集度的差异可以将产品分为技术密集型产品、资本密集型产品、劳动密集型产品。因此，同一产业内产品结构的升级是指企业改变产品的要素密集特点，从低价值产出要素产品向高价值产出要素产品攀升的过程。通过技术创新或市场调整，企业可以实现从劳动密集型产品—资本密集型产品—技术密集型产品渐进式升级或跨越式升级，如图 4.10 所示。渐进式升级是指从劳动密集型产品逐步提升到资本密集型产品，再升级到技术密集型产品的过程。跨越式升级是指直接从劳动密集型产品提升到技术密集型产品的过程。

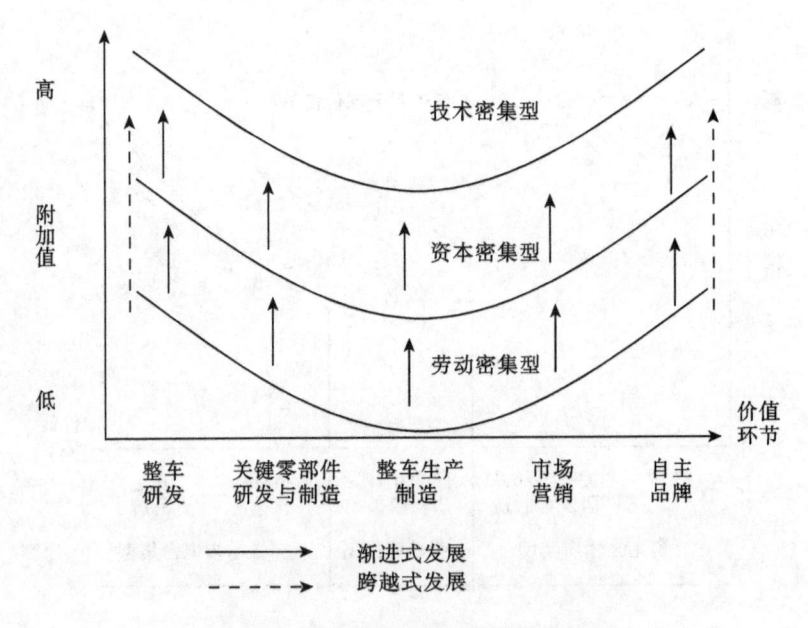

图 4.10 汽车产业内产品结构的升级图

Fig. 4.10 Upgrading figure of automobile product structure

4.4 本章小结

本章首先在对全球价值链下的企业能力的特点进行分析，并剖析了企业能力对汽车产业升级的影响；然后提出基于企业能力的全球价值下我国汽车产业升级的微观机理概念模型，分别从企业核心动态能力、学习提升机制和能力进化机制及全球价值链上价值量的提升进行分析；最后对我国汽车产业升级的微观机理进行实证研究。研究认为市场感知能力、知识创新能力和社会网络能力之间彼此相关，知识创新能力和社会网络能力通过学习提升机制和能力进化机制的中介作用，正向影响企业全球价值链上价值量的提升。

参考文献：

[1] 蒙丹. 能力二重性与全球价值链上的企业升级 [J]. 中国经济问题, 2011 (7): 30-36.

[2] Shapiro H. The Mechanics of Brazil's Auto Industry [R]. NACLA Report on the Americas, 1988, 29 (4): 28-33.

[3] Hunter L, Markusen J R, Rutherford T F. US-Mexico Free Trade and the North American Auto Industry: Effects on the Spatial Organisation of Production of Finished Autos [J]. The World Economy, 1995, 15 (1): 65-82.

[4] Paul A Pavlou. IT enabled dynamic capabilities in the new product development: Building a competitive advantage in the turbulent environment [D]. California: University of Southern California, 2004.

[5] Schumpeter J A. The Theory of Economic Development [M]. Cambridge: Harvard University Press, 1934.

[6] Kogut B. Designing Global Strategies: Comparative and Competitive Value-added Chains [J]. Sloan Management Review, 1992, 26 (4): 129-154.

[7] Powell T C. How much does industry matter? An alternative empirical test [J]. Strategic Management Journal, 1996, 17 (4): 323-334.

[8] 周煜, 聂鸣. 基于全球价值链的中国汽车产业升级路径分析 [J]. 科技进步与对策, 2007 (7): 83-87.

[9] 包建华, 方世建. 资源视角下产业价值链治理研究——以中国汽车产业升级为例 [J]. 南京社会科学, 2009 (1): 29-36.

[10] 卜国琴. 跨国汽车产业价值链分布格局变化及其启示 [J]. 生产力研究, 2009 (2): 85-87.

[11] 程新章, 胡峰. 价值链治理模式与企业升级的路径选择 [J]. 商业经济与管理, 2005 (12): 24-29.

[12] 陈树文, 梅丽霞, 聂鸣. 全球价值链治理含义探析 [J]. 科技管理研究, 2005 (12): 260-262.

[13] 池仁勇, 邵小芬, 吴宝. 全球价值链治理、驱动力和创新理论探析 [J]. 外国经济与管理, 2006 (3): 24-30.

[14] 杜龙政, 汪延明, 李石. 产业链治理架构及其基本模式研究 [J]. 中国工业经济, 2010 (3): 108-117.

[15] 焦媛媛, 范静燕, 李科. 中国汽车产业的全球价值链治理模式及产业升级研究 [J]. 科技管理研究, 2009 (6): 388-390.

[16] 冯鹏义. 基于组织创新的我国汽车产业创新研究 [J]. 经济问题, 2007

(8)：38 – 40.

[17] 寇小玲，王溥. 中国汽车产业嵌入全球产业链对策的思考 [J]. 经济纵横，2008 (11)：53 – 56.

[18] 李显君，董本云，徐可. 我国汽车产业区创新绩效实证分析 [J]. 汽车工程，2009 (9)：894 – 899.

[19] 陈锟，于建原. 营销能力对企业创新影响的正负效应——兼及对"Christensen悖论"的实证与解释 [J]. 管理科学学报，2009 (4)：126 – 138.

[20] 陈锟. 创新者窘境形成机制及对策研究 [J]. 科研管理，2010 (3)：65 – 72.

[21] 封凯栋，尹同耀，王彦敏. 奇瑞的创新模式 [J]. 中国软科学，2007 (3)：85 – 88.

[22] 刘宇，马卫. 奇瑞汽车的渠道策略 [J]. 企业管理，2010 (8)：42 – 45.

[23] 庞丽，李显君，皮新玲. 自主品牌汽车企业研发支出的内部影响因素研究 [J]. 科技进步与对策，2008 (2)：110 – 114.

[24] 刘宇，马卫，刘大庆. 基于结构方程模型的我国汽车产业升级微观机理研究——以江西为例 [J]. 华东经济管理，2012 (8)：66 – 70.

[25] 李怀祖. 管理研究方法论 [M]. 西安：西安交通大学出版社，2000.

[26] Hitt M A, Ireland R D. Relationships among corporate-level distinctive competencies, diversification strategy, corporate structure and performance [J]. Journal of Management Studies, 1986 (23)：401 – 416.

[27] 周寄中. 科学技术创新管理 [M]. 北京：经济科学出版社，2002.

[28] 程艳霞. 基于资源与竞争的营销力管理研究 [D]. 武汉：武汉理工大学，2005.

[29] 刘国新. 中国汽车产业的市场行为与市场绩效分析 [J]. 中国机械工程，2001 (7)：821 – 824.

[30] Ritter T, Gemunden H G. Interorganizational relationships and networks [J]. Journal of Business Research, 2003, 56 (9)：691 – 697.

[31] 马刚. 基于战略网络视角的产业区企业竞争优势实证研究——以浙江两个典型的传统优势产业区为例 [D]. 杭州：浙江大学，2005.

[32] Ritter T. Gemunden H G. Network competence：Its impact on innovation success and its antecedents [J]，Journal of Business Research, 2003, 56 (9)：

745-755.

[33] Walter A, Auer M, Ritter T. The impact of network capabilities and entrepreneurial orientation on university spin-off performance [J]. Journal of Business Venturing, 2006, 21 (4): 541-567.

[34] 侯杰泰, 温忠麟, 成子娟. 结构方程模型及其应用 [M]. 北京: 教育科学出版社, 2004.

[35] Truran W R. How organizational learning influences organizational success [D]. Hoboken: Steven Institute of Technology, 2001.

[36] Nunnally J C, Bernstein I H. Psychometric theory [M]. New York: Mc Graw-Hill Inc., 1994.

[37] Humphrey J, Schmitz H. Developing country firms in the world economy: governance and upgrading in global value chains [R]. Duisburg: University of Duisburg, 2002: 25-27.

第5章 基于集群效应的全球价值链下我国汽车产业升级的中观机理

5.1 集群效应及其对汽车产业升级的影响

5.1.1 汽车产业集群和集群效应

产业集群具有地理集聚性、产业一致性、本地根植性和系统属性四个特点。汽车产业集群的形成有一定的规律性（梅述恩，2007）。汽车产业集群是指汽车整车企业与众多的零部件配套企业与其他相关企业和支撑性机构在一定地域范围内的集聚，它们之间在长期的配套协作中形成了稳定的竞争与合作关系的网络和较强的市场竞争优势（梅述恩，2006）。汽车产业集群的主要特征有：①汽车产业是综合性的制造工业，涉及新材料、新设备、新工艺与新技术领域，属于技术密集型产业；②汽车价值链以汽车整车制造业为核心，向后延伸至汽车零部件制造业与零部件制造相关的生产设备制造工业等基础工业；向前延伸至汽车销售、维修、金融等服务贸易领域；③整车企业与零部件企业间存在着良好的合作关系。美国的底特律成为国际上第一个汽车产业集群，其中一个关键原因是在底特律周边已经形成了美国最大的运输制造中心；丰田城汽车产业集群的形成是因为其良好的机械制造业基础；巴塞罗那汽车产业集群的形成得益于西班牙最早的汽车制造业的基础作用。通过以上汽车产业集群的形成特点可以看出，汽车产业集群形成和发展需要以下几个条件：①工业基础比较雄厚；②存在着广阔的整车产品消费群体；③企业具有竞争意识和创新意识，并培育了一批勇于创新的企业家；④拥有良好的物流设施和商贸基础。从我国汽车产业的发展现状来看，已经形成了东北地区、长江三角洲、珠江三角洲、京津地区、华中地区、西南地区六大汽车产业集群（周煜，2008）。

产业集群的形成是因为集群内的企业拥有比单独作业更好的优势，汽车产业集群的效应主要表现为两个方面（綦良群，李楠，2007）：

（1）集聚效应

集聚效应表现在三个方面：①成本优势。在集群内随着产业分工的细化，使得企业可以专注某领域，从而可以降低成本。同时，集群内企业间良好的沟通机制，可以实现资源共享，从而降低生产成本。总体而言，这些成本包括原材料成本、运输成本、库存成本、销售成本、交易成本、信息与劳动力的搜寻成本等。②规模经济与范围经济优势。因为集群内的每个企业只是价值链条上的某一节点，由于专业化的分工从而带来生产效率的提升，可以获得企业单独作战时所无法获得的规模经济；另外，聚集到一起的企业通过调动集群内的技术、资金、信息、品牌等资源，并且通过应用公共技术平台，使集群内的企业缩短研发时间的同时降低研发成本，分散研发风险，实现规模经营并产生范围经济效果。③品牌优势。区域品牌的整体知名度与信誉度给消费者以正向吸引力，对投资者也很具吸引力。

（2）协同效应

产业集群的协同效应指的是集群系统能产生产业集群内企业不能单独拥有的积极影响，并且能改善产业集群的环境，使之更有利于集群内企业的发展。产业集群的协同效应主要体现在两个方面：①竞争力优势。产业集群内企业的成本优势和品牌优势使得其产品很具竞争优势，这些竞争优势表现在拥有较高的生产效率，和较高的国内市场和国际市场的市场占有率等。②创新优势。集群内企业集聚了人、财、物、信息、技术和知识等资源，企业可以通过良好的合作机制促进创新行为的产生，从而使得企业产生更多的创新产品和创新服务。

5.1.2 集聚效应对汽车产业升级的影响

形成汽车产业集群对于汽车产业升级会产生积极的影响，我国汽车工业正处于快速发展时期，汽车产业集群的形成有利于改善汽车产业发展的绩效。集群内企业通过较细致的分工形成了高度灵活的专业化生产协作网络，从而大大降低了各种成本支出。总体而言，集聚效应对汽车产业升级有以下影响。

（1）从外部经济中降低成本

由于在地理上具有集聚的特点，产业集群能产生外部经济效应，即通过同行企业带来行业规模的扩大，随着行业规模的扩大及与本地经济服务意识的强化，为集群内企业带来了四个方面的外部经济：①原材料、零部件产品、人力资源雇用与基础设施等供应外部经济；②货物运输、金融服务、法律服务、营销服务、信息提供等专业服务外部经济；③品牌效应所带来的营销外部经济；④技术知识外部经济（陈金梅等，2011）。

（2）知识溢出效应

由于地理位置的集中和企业间的合作，汽车产业集群除促进企业间的信息交流与技术交流等正式交流外，也极大地促进了非正式的信息交流，汽车企业集群使员工以个人的人际关系和工作上的联系进行广泛交流，知识以非正式的形式进行扩散。因此，非正式的信息交流带来了知识溢出效应，同时人员流动也形成了更广的关系网络从而有利于更加广阔的不同单位间技术人员的合作。企业之间的竞争、合作和模仿使产业集群的知识传播速度加快，溢出效应趋于最大化。

（3）创新吸聚效应

由于产业集群能产生产业规模经济效应与外部经济效应，所以汽车产业集群能在相应的地理范围内形成人力资源市场、专利服务市场、金融市场和信息市场等。这些市场的存在，直接促进了产业集群内汽车企业的技术创新能力的提升，从而提升了产业集群内企业的自主创新水平。另外，由于产业集群内企业的产品和服务具有一定的共性，后加入的企业模仿先加入的企业，促使先加入的企业只有不断创新才能保持其领先位置，而后加入的企业在竞争的压力下也会不断地加倍努力创新以赶超领先的企业，通过这个过程的反复进行，最终会形成一个以技术创新、吸纳新企业入群为主导的运作机制。

5.1.3 协同效应对汽车产业升级的影响

（1）高度专业化促进收益递增

随着专业化分工的进一步发展，产业集群这一新的组织形成应运而生。专业化分工导致产业集群内的企业把自己的优质资源专注于某一领域。企业可以集中资源提升生产效率，专注于技术创新，扩大生产规模，积累生产资源，提升人力资源素质，最终使得企业不断降低运营成本，使得盈利水平不断上升（李辉等，2006）。

（2）交易制度优化提升市场效率

在市场交易的过程中，人是在有限理性的状况下做出决策的，同时人还会倾向于投机行为，所以一般而言在交易过程会存在一些交易成本。这些成本是由于一些制度性的因素所导致的，使企业的运营成本上升，从而最终影响企业的市场效率。一般意义上，交易成本包括搜寻成本、签约成本、履约成本和监督成本等。而对于产业集群而言，其是一个结构相对稳定的系统，在这个系统内企业间的合作关系具有长期性，并且企业间具有相互监督的作用，从而有效地降低了资产专业性和不确定性等交易成本所带来的负面影响。产业集群内的专业化分工的过程就是企业从内部交易过渡到外部交易的过程，从而降低了搜寻成本，提高了企业的市场效率。

5.2 基于集群效应的全球价值链下我国汽车产业升级的中观机理概念模型

在世界汽车产业的发展过程中，已形成美国、日本与欧洲等著名的汽车产业集群，在产业集群里，汽车整车制造企业、汽车零部件制造企业、经销商、上下游关联产业中的企业与相关的组织机构（如大学、汽车研发中心、汽车行业协会等）聚集在一起（张辉，2005），形成了以汽车整车制造企业为首的各企业与机构间相互关联和分工协作的汽车企业群（钱平凡，2003）。汽车产业集群的发展对于汽车产业升级具有很好的带动作用，本章在相关理论研究的基础上，构建汽车产业升级的中观机理概念模型，如图5.1所示。

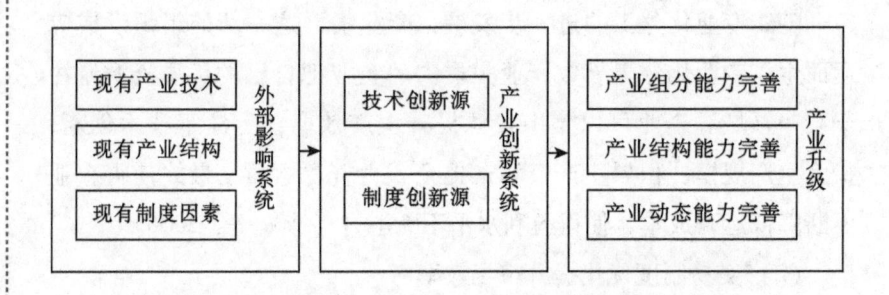

图5.1 全球价值链下汽车产业升级的中观机理概念模型

Fig. 5.1 Conceptual model of middle mechanism of automobile industry upgrading under GVC

产业集群内的汽车产业升级受到现有产业技术、现有产业结构和制度因素等外部因素的影响。具有独立产权与经济行为的集群内企业主体根据市场供给信息，以合约的方式追求自身利益的最大化，从而使得资源向生产效率更高的部门流动，最终实现集群内产业价值的不断优化（卢冲，2009），从而实现产业升级。在集群内汽车企业产业升级的过程中，政府通过颁布一系列相关产业政策，借助于制度资源与产业系统外部环境的改变来实现集群内汽车产业升级。

产业升级能力可以分为组分能力、结构能力与动态能力。产业组分能力是指产业上下游企业间通过合理地配置资源，构建价值创新系统，最终实现产业内价值优化。产业结构能力是通过构建信息平台、竞争机制和发展环境，使得产业内企业间保持良好的信息沟通，理性竞争，共谋健康可持续发展的外部环境的能力。产业动态能力是产业内的企业通过持续的学习（李俊青，2009），动态更新知识存量和知识结构（罗珉，2009），以适应动态变化的环境时所表现出来的综合能力（张永凯，2009）。

在产业升级能力的各分解能力中，组分能力和结构能力属于静态能力，对产业价值的提升作用相对较小。而动态能力对于产业价值的提升作用较大。随着产业的外部环境的动态变化，以及产业生命周期的特点，对产业的能力提出更高的要求。

5.2.1 基于集群效应的全球价值链下我国汽车产业升级的影响因素

全球价值链下我国汽车产业升级的影响因素主要体现在以下几个方面。

（1）现有的产业技术

在汽车产业集群形成的过程中，已逐步培养了集群中企业的技术水平，现有技术的高低及特点直接影响汽车产业升级。

（2）现有的产业结构

在汽车产业集群中，整车与零部件企业的结构、传统车与新能源车的结构等现有的产业结构会影响汽车产业升级。

（3）现有的制度因素

在集群内产业升级的过程中，政府通过制定和颁布一系列相关的汽车产业政策，通过改变制度资源和产业系统的外部环境来促进集群汽车产业升级。

5.2.2 基于集群效应的全球价值链下我国汽车产业升级的动力机制

从图 5.1 可以看出，创新体系对于产业升级具有重要的影响，在创新体系中技术因素与制度因素是主要驱动因素。从本质上理解，技术创新是产业升级的根本性的驱动因素，它能带动制度创新并能实现产业集群系统进行渐进式变迁；在另一个层面，制度创新则提供系统渐进式变迁的制度安排等激励结构和组织惯例突变的内生机制与外部压力。总体而言，这个创新体系推动集群汽车产业升级的过程可总结为：企业个体技术创新—集群内局部制度创新—创新扩散—集群技术创新—产业制度变迁—系统环境适应性改变—集群产业升级。技术创新体系与制度创新推动集群内汽车产业升级的过程如图 5.2 和图 5.3 所示。

图 5.2 技术创新推动集群内汽车产业升级的过程

Fig. 5.2 Procedure chart of automobile industry upgrading in cluster under technology innovation

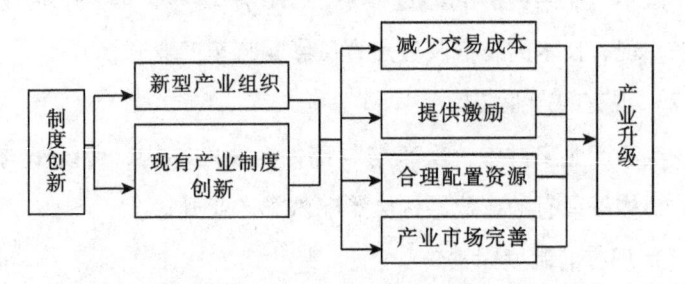

图 5.3 制度创新推动集群内汽车产业升级的过程

Fig. 5.3 Procedure chart of automobile industry upgrading in cluster under system innovation

5.2.3 基于集群效应的全球价值链下我国汽车产业升级的实现机制

全球价值链下我国汽车产业升级的实现机制包括合作机制和知识管理机制两方面。

（1）合作机制

产业的核心能力一般是由行业内共同的共性技术和标准等物质成果来体现的。因此，从这个角度理解产业核心能力实际上是一种平台能力，在国家所构建的产业平台之上，产业内企业通过分工与合作，共同开发具有自主知识产权的核心技术，动态更新产业知识，共同确定行业标准，最终提升产业的竞争能力（李江涛，2008）。萨伊认为生产要素包括劳动、资本和土地，在此基础上，马歇尔提出还存在另一生产要素，即组织要素（李显君，2008）。汽车产业集群内的组织包括整车企业、零部件企业、科研机构和金融等服务机构。产业集群内的各组织通过确定共同的发展目标，在合作的基础上实现多赢（杨瑞龙，2001）。合作机制具体包括：①共同开发新技术，整车企业、零部件企业和科研机构通过合作共同开发新技术；②降低物流成本，集群内企业可以通过合作实现物料的共同采购和产品的共同配送，从而降低物流成本。

（2）知识管理机制

产业集群内的知识管理机制包括以下两个方面。

1）建立汽车整车厂与零部件企业战略同盟。由于密切的合作关系，整车和零部件企业间应形成知识联盟、同步工程和早期参与等合作理念，从而提升汽车整车产品的技术开发能力。在合作的过程中，汽车零部件企业参与开发可以把大量的研发费用进行分散化处理，在很方便就能筹集到资金的同时，又对标准化配件的制造产生有利的影响。当前，世界上各大汽车公司在开发新车型时，众多的零部件配套供应商在概念设计阶段就参与其中，并承担相应的研发任务。因此，对于我国汽车产业而言，在开发新车型过程中，通过建立战略合作关系，零部件配套厂可以早期介入参与开发，有利于降低资金需求量，分散投资风险，可以增加零部件供应商的责任心而且可以提高配套件的质量，从而提高开发新车型的效率。在具体合作的过程中，一方面，整车汽车企业积极邀请零部件企业在产品概念形成的早期就参与技术研发，与零部件企业建立紧密的战略合作关系，共同创造新产品。另一方面，整车汽车企业在这种合作关系中占主导地位，需要对整个产品开发的过程进行控制，与零部件制造企业一起共同解决汽车产品面向市场所遇到的各种问题，形成紧密的技术联盟。

2）形成产业内公共知识库。汽车产业公共知识库是指构建一个汽车产业公共知识平台，使集群内汽车产业的信息、知识和政策等能够实现共享，从而有利于获取新的基础科学知识与技术科学知识。在汽车产业内，存在着诸多的知识主体，各主体之间的关系相对复杂，因此，公共知识库能促进产业内知识的合理流动，实现多方主体知识存量的共享，从而提升产业创新能力，促进汽车产业的健康发展。

公共知识库具有管理功能、知识共享功能与中介服务三大功能。①管理功能。主要体现在对集群内相关产业知识进行管理，利用完善的知识管理机制，将科研机构的技术创新进行商业化运作，不断更新公共知识库中的知识存量。②知识共享功能。通过公共知识库这一平台，集群内的整车生产企业、零部件生产企业、科研院所、高等院校、政府部门与中介服务机构可以进行信息共享，使各组织能够快速、便捷地获得知识，然后根据自身需要进行知识创新，从而减少了研发成本与知识搜索成本，最终实现知识资源的高效流通与优化配置。③中介服务功能。公共知识库为集群内知识需求主体与供给主体提供了一个进行知识交流与交易的平台，起到了中介与服务的作用。

全球价值链下汽车产业升级的中观机理实现机制如图5.4所示。

基于产业集群效应的汽车产业升级主要体现在产业价值优化，

产业价值能力包括产业结构能力、产业组分能力和产业动态能力。现有的产业结构通过前向合作、横向合作和后向合作，在合作机制的作用下，实现产业结构能力完善。技术创新可以产生创新产品和创新技术，制度创新可以产生新的制度环境和新的制度安排，技术创新和制度创新的这些产出结果在知识管理机制的作用下，分别实现产业组分能力完善和产业动态能力完善。

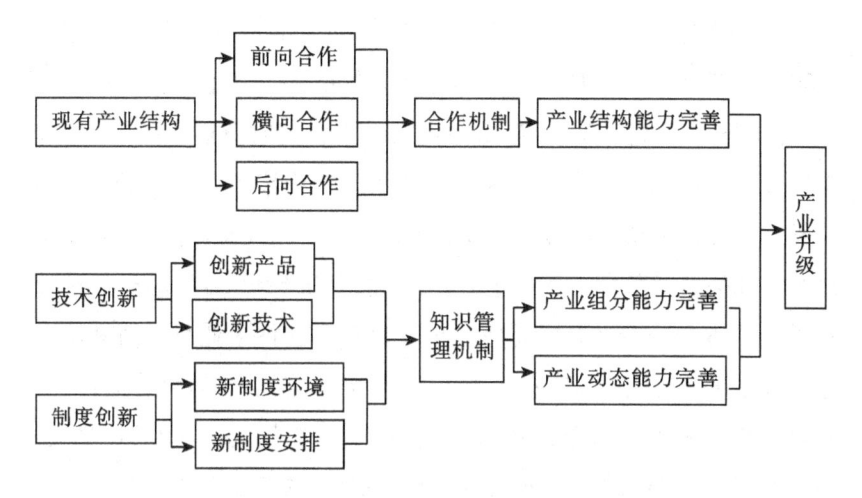

图 5.4　全球价值链下汽车产业升级的中观机理实现机制

Fig. 5.4　Implementation mechanism of middle mechanism of automobile industry upgrading under GVC

5.3　小蓝汽车城产业集群案例分析

5.3.1　小蓝汽车城产业集群简介

整车及零部件产业是江西的支柱产业之一，江铃汽车公司是江西汽车产业的领军企业，随着与福特汽车公司合作步伐的加快，进一步利用其产品、技术、资金和管理资源，建成南昌小蓝汽车城，从而打造出整车及零部件完备的汽车产业链条。因此，小蓝汽车城的主导企业是江铃汽车公司，一大批汽车零部件企业随之入驻汽车城，从而形成汽车产业集群。江铃汽车公司的技术研发主要是针对商用车，包括以全顺为主的轻型客车、以凯运为主的轻型卡车、以宝典为主的皮卡车等。到目前为止，江铃股份小蓝基地包括已建成的冲压 A4 全自动生产线、整车物流库，已批准开建的冲压 A6/C4 全自动生产线、涂装生产线、焊装生产线、物流仓库、总装生产线、FCPA 及产品试验跑道等，建成投产后预计年新增主营业务收入达 450 亿元以上。小蓝经济区建成了 10000 亩的汽车城，其中包括 5000 亩的整车生产用地、3000 亩的汽车零部件生产用地、2000 亩的汽车商贸开发用地。2017 年 12 月 3 号，以江铃股份富山新能源汽车基地开工为标志，小蓝经开区汽车产业已经集聚了江铃股份、江铃控股、江铃改装车、江铃专用车、江铃特种车六大整车企业，163 家汽车零部件企业落户，形成了 80 万辆整车和 62 万台发动机的产能布局。2016 年小蓝经开区完成汽车及汽车零部件工业总产值和主营业务收入 450 亿元和 455 亿元。2017 年上半年，汽车及零部件产业主营业务收入和工业总产值分别完成 223.58 亿元和 218.78 亿元，同比增长 23.57% 和 20.89%，占园区总量的 2/5。小蓝经开区汽车及零部件产业主营业务量已占全省的 1/5，目前江铃集团已完成小蓝 50 万辆整车产能布局，到 2020 年整车产能、发动机产能均将突破 100 万台。整车产能的扩张，不仅促进了江铃汽车公司的发展壮大，也吸引了许多国内外汽车零部件生产企业入驻汽车城，成为江铃汽车公司的配套企业。为进一步发挥汽车产业对经济的带动作用，江西要进一步扩大汽车工业的规模，要依托江铃、昌河等企业，以小蓝汽车工业城为平台，全面推进汽车产品开发和零部件配套，提升产业的技术含量和规模效应，增强汽车产业的核心竞争力和辐射带动能力。为了全面促进江西汽车工业的发展，江西省政府出台了《关于支持汽车工业稳健发展的意见》，在提升自主创新能力、强化汽车服务、加大信贷支持等方面给予支持。

5.3.2 小蓝汽车城产业升级的影响因素分析

（1）现有的技术水平

自主创新是国家重大战略之一，企业之间的竞争主要表现为核心竞争力的差异，而技术水平是企业核心竞争力的重要组成部分，自主创新能力是技术水平的关键因素。目前，小蓝开发区进区企业除部分龙头企业具有一定技术优势外，大部分企业一般未掌握核心技术与关键部件，处于产业价值链的中下端，同时企业发展所需要的技术研发人才、经营管理高级人才也相对缺乏。

（2）现有产业结构

将产业布局与产业结构战略性调整结合起来，与园区发展结合起来，强化专业化分工与协作，推动企业集聚、资源共享、整体优化，走产业集群化发展道路，提高要素的配置效率。产业集群发展按照"大项目—产业链—产业集群—制造业基地"的发展模式，明确产业集群发展的路径与办法，实施产业集群化发展战略，加大政策扶持力度，加快推进步伐。

（3）现有的制度因素

2009年12月31日国家发展改革委批复了《鄱阳湖生态经济区规划》，其中第二节创建新型工业体系中提到新型工业产业基地，最后一项就是汽车及零部件生产基地：以环湖中心城市为重点，重点开发乘用车、商用车、特种车、混合动力汽车和纯电动汽车，以及小型高速柴油机、汽油发动机、变速器、柴油车超低排放后处理装置等。正是这一规划的出台，直接催生了小蓝汽车产业集群的建设，即把南昌打造成汽车城。江西省出台的从2006年5月1日执行的《关于支持汽车工业稳健发展的意见》提出，扶持汽车制造企业优化产品结构，实施技术改造，加快技术创新。由省财政厅重点支持江铃汽车集团公司。

5.3.3 小蓝汽车产业集群升级的动力机制分析

（1）技术创新

江铃汽车公司把人才视为企业跨越式发展的根本保证与企业改革创新的主要动力，按照企业发展的需要，努力培养一支具有凝聚力的高素质的员工队伍。江铃汽车公司不断吸收与借鉴国内外大型企业培养人才的有效经验与模式，构建符合企业特色的人力资源管理与人才培训体系，根据不同的技能要求，按照岗位进行科学分类。为了更好地进行技术创新，公司结合汽车技术发展的方向与新产品开发的实际，进行了一系列诸如发动机燃油喷射工艺、数控车床编程等方面的培训，培训的主要对象是拥有一定基础的技术工人，使他们初步掌握国内外最新的汽车领域相关基础知识及操作实践，为企业技术与制造工艺的不断创新升级提供可靠的保障。江铃汽车公司十分重视培训工作，在长期的努力下，高级工以上技术工人占工人总数的近20%，远远高于全国平均水平，中高级技能员工的绝对数量还在以年均20%以上的比例递增。技能人才是企业的宝贵财富，对江铃汽车公司的发展产生巨大动力，已经成为并将继续成为江铃汽车公司实现跨越式发展的主要动力。

江铃股份产品开发技术中心已被批准为国家级企业研发中心。因此，江铃汽车公司在承担国家自主创新技术体系建设、发展民族汽车工业与自主品牌方面，将承担更多的责任。江铃汽车公司技术创新体系的发展历程，是从引进技术国产化到以我为主的联合开发，江铃汽车公司在自主创新方面取得了长足的进步，目前正在不断强化自主创新能力并逐步打造具有自主知识产权的汽车品牌。为更好地提高自主创新能力，江铃汽车公司逐步培育了数字化平台、发动机设计、整车设计、造型设计、试验开发五位一体的核心能力，构建江铃汽车公司全球开发数字化支持平台。为了保证技术创新的可持续性，江铃汽车公司历年用于科技开发的经费投入比例占企业销售收入的5%~7%，新产品的销售收入占企业总销售收入的比重不断提升。目前,江铃专用车的改装开发能力和销量均排在全国首位。

随着汽车产业格局的调整,江铃汽车公司以高素质技术人才为基础,全力进行自主创新。

(2) 制度创新

产业集群在原有"小机构、大服务"的管理与服务体系的基础上,进行制度创新,搭建"蓝银保"操作平台,与多家银行联手创建了小蓝开发区中小企业投融资超市。为了提高办事效率,认真落实"审批项目最少、办事环节最简、申报资料最省、办理时限最短"的要求,建立、健全、完善了责任追究制、限时办结制、绩效考核办法及工程招投标等制度,实现了服务规范化和管理科学化,形成了"人人抓效能、事事促项目、绩效论英雄"的比、学、赶、帮、超的工作局面。为了进一步促进集群的发展,小蓝开发区的优惠政策将逐步从土地倾斜转向技术倾斜与产业倾斜,促进经开区走内涵式发展道路,形成特色产业集群。

5.3.4 小蓝汽车产业集群升级的实现机制分析

(1) 产业内的合作

生产一辆整车需要3万~5万个零部件,而这些零部件由多家汽车零部件制造企业提供。处于价值链上端且自动化程度最高的是整车生产企业。对整车生产企业而言,在其经营管理过程中,降低库存是降低经营成本从而提高企业竞争力的经营策略之一。在目前的订单制下,江铃整车库存降到历史最低,整车库存资金减少近2亿元,周转天数在10天以内,而大部分国内汽车企业的整车库存周转天数都在一个月左右。在小蓝汽车城项目在引进时就注重产业链的延伸和完整化,使企业成本最小化、利润最大化。汽车城内有一半以上的汽车零部件制造企业为江铃汽车公司提供配套产品。比如,江铃汽车公司生产整车需要钢板,可以直接下订单给南昌宝江钢材加工配送有限公司,钢板从宝江钢材出来以后,先运到天人汽车零部件有限公司冲压成型,然后再送到江铃汽车公司的生产车间。这就实现了江铃汽车公司和天人两家企业的钢板"零库存"。在小蓝经济汽车城，已有美国福特、李尔、伟世通、日本五十铃等世界500强企业参与投资汽车类项目。开发区共有汽车及零部件生产企业67家，带动近万人就业，是名副其实的江西省汽车零部件产业基地。

(2) 知识管理

"十一五"中期《国家知识产权战略纲要》颁布之后，江铃开始进一步加强和战略合作伙伴福特汽车公司的合作，与此同时也加大了对技术创新与产品自主研发的投入，特别是重视科技创新过程中知识产权的创造、运用、保护与管理，这项工作获得了国家知识产权局、江西省知识产权局、南昌市知识产权局等部门的大力支持。江铃作为一家国家高新技术企业，随着企业发展速度的加快，从2010年度开始，公司专利申请数量以每年20%~30%的速度增长，所申报的专利水平显著提升。

在小蓝汽车城产业集群中，龙头企业江铃汽车公司利用其现有的在研发、物流、销售服务和品牌管理等方面的知识管理体制，依托其ERP信息化支持系统，以高效的物流水平实现拉动式均衡生产，以JPS江铃生产系统实现整车水平的提升，以质量管理信息网络系统，推行NOVA-C和FCPA评审，利用6SIGMA技术提升产品质量并降低产品成本，借鉴福特Q1评审模式完善供应商评价体系，实现供应链系统的优化与整合，利用经销商管理系统实现经销队伍的优化。

(3) 全球价值链的打造

走高新化、集群化和规模化发展的道路，打造产值超千亿元的特大型小蓝汽车城产业集群，以汽车整车产业为核心，以零部件产业为重点，以新能源汽车为方向，大力发展汽车后市场，提升全价值链的竞争力，力争把小蓝开发区建设成一座集汽车汽配研发、制造、配套、维修、商贸和展览于一体的国家级汽车产业基地，成为江西汽车工业的名片和品牌形象代表，担负起"江西车都"的历史使命。

①汽车整车产业。提高整车在产业集群中的核心地位，为产业集群内汽车汽配产业实现未来千亿规模在"量"上提供关键支撑。以江铃股份和江铃控股为龙头，以高端化、产业化和规模化为导向，突破关键技术，依托现有的轻卡、轻客优势，强调差异化的发展路线，充分发挥资源优势，促进整车产业跨越式发展。在车型发展方面，重点打造具有跨地区影响力的轻型商用车生产及改装基地，以轻型卡车和轻型客车为核心，加强发展改装车，抓住机会发展入门级乘用车、大中客车和农用车。在技术研发方面，研发车身开发技术、汽车排放控制技术、高效节能发动机技术、专用底盘设计制造技术、安全技术、精密技术、快速成型技术与液压、柔性加工技术、气动、密封技术等。为了进一步实现可持续发展，加大可回收环保材料的研究和应用，扩大采用高效、轻量、节能、环保材料的比重，促进汽车产品在安全、环保、节能等方面迈上新台阶。总体而言，加快江铃汽车股份30万辆整车项目、江铃控股公司乘用车生产项目、江铃新动力汽车整车项目、江铃改装车项目，依托江铃与福特的合作优势，着力引进福特系列新车型，不断提升集群内汽车品牌知名度与市场占有率，在具有比较优势与竞争潜质的细分市场上占领先地位。整车产业布局在开发区南部的金沙四路以东、南高公路以西、富山三路以南的汽车城西部。开发区力争用3～5年时间，吸引1～2家全球前10强汽车巨头，以及2～3家全国知名汽车企业入驻，形成30万～50万辆整车产能，实现200亿～300亿元的年产值和6亿～9亿元的财政收入。建成亚洲最重要的轻型商用车生产基地，使小蓝开发区成为江西省汽车整车产业的领军者。

②汽车零部件产业。以江铃的30万辆整车的零部件市场机会和全球采购的潜在市场机会，以整车制造带动汽车关键设备研发与制造，进入国内整车制造商与国际跨国汽车公司的采购供货体系，扩大主机配套与出口份额，强化产业集聚能力。重点围绕直方数控车用电喷系统研发与生产项目，吸引外商或国内知名的汽车机械电子零部件厂，形成百亿元规模的汽车电子产业集群。依托小蓝开发区

已有的李尔内饰、伟世通、上海宝钢等知名汽车零部件厂商，通过差异化的招商策略进行优势互补、尽快引进一批具有系统开发、生产、配套能力，面向国内外两个市场的汽车零部件企业集团，瞄准国内外知名汽车制造企业的一、二、三级配套供应企业，特别是一级配套供应企业，实现跨越式发展。同时，吸引各种经济成分的中、小零部件企业，提高其专业化水平，实现行业内部合理分工，逐步形成分工明确的纵向多层次有机整体，支撑汽车零部件产业健康发展。支持零部件企业加强配套能力建设，以发动机、车用电子产品、传动、制动、变速系统等关键部件为重点。开发、生产达到欧Ⅳ排放标准的发动机，提高与其他整车厂配套数量；发展汽车自动变速器、以电动转向为代表的转向传动系统部件、以组合凸轮轴为代表的发动机系统配件；高清晰车载GPS系统；汽车行驶安全监控系统及车用涡轮增压器等高技术含量、高附加值的汽车前沿技术零部件产品；扩大采用高性能、轻量、节能、环保材料的比重，逐步提高汽车零部件行业整体技术水平。通过招商引资，根据江铃尚未涉及的汽车零配件领域，填补汽车产业链缺失。主要引进前动力总成、进排气系统、驱动桥总成、车轮总成、悬架系统、内饰件、空调、电器及仪表等项目，选择性发展车桥、车架、油箱、中小冲压件、座椅等项目，形成零部件与主机产品同步开发生产能力。零部件产业布局在汽车城中部。"十二五"期间，吸引了200家汽车零部件企业入驻，不断提高零部件的本地配套水平，2017年，汽车零部件本地配套率达到了80%。形成以汽车电子为主要特色的汽车零部件制造产业链，成为在全国乃至世界有一定知名度的汽车零部件生产基地和出口基地。

③新能源汽车产业。按照符合低碳与生态经济的总体要求，充分利用南昌列入国家节能与新能源汽车示范推广工作试点城市的机遇，以骨干企业为龙头，加强研发创新，推进国内外合作，努力培育一批整车制造和配套产业自主品牌，促进新能源汽车跨越式发展。以江铃新动力为核心，依托省内企业、院校和科研院所，加强与国

内外企业和科研机构合作,搭建节能与新能源汽车共性技术研发平台,组建江西省新能源汽车战略联盟,促进研究开发与科研成果的产业化。积极在省内开展与昌河、安源客车、百路佳客车等汽车生产企业的合作,省外进一步加强与长安和福特的联系,并保持与其他国内外汽车企业在新能源领域的密切合作,争取新能源整车或零部件项目落户开发区。选择制约新能源汽车产业发展的共性技术、关键技术、核心技术等项目进行集中攻关,实施以研发纯电动汽车为龙头,以混合动力汽车、动力电池、驱动电机系统为主体,以永磁材料、正极材料等原材料的研发为支撑的推进战略。重点发展纯电动汽车的驱动及其控制技术、混合动力汽车的能量分配智能控制技术、磷酸铁锂成锰酸锂动力电池技术和永磁电机技术,做好多种能源、混合能源汽车的技术研发储备,尽快实现新型混合动力汽车批量生产。尽快形成高水平产业链,推进新能源汽车系列化、标准化和产业化。力争实现阶段性突破,缩小与国际先进水平的差距,做大新能源汽车生产规模。新能源汽车产业布局在汽车城中部。2017年12月10日,江铃股份富山新能源汽车基地开工建设。江铃股份富山基地占地面积1500亩,预计项目及相关配套规划总投资128亿元,将分期实现30万台整车产能。其中,一期投资33.77亿元,规划年产能为15万辆,建筑面积约40万平方米,包含冲压、焊装、涂装、总装、PACK装配、物流仓储、质量测试、试验跑道、整车发运中心等厂房及生产线。力争到2020年,整车产能突破100万台,发动机产能突破100万台,零部件本地配套率达到80%以上,汽车及零部件产业产值突破1200亿元,税收超60亿元。

④汽车后市场。以"一道两城"(迎宾大道,汽车城和洪城汽配城)为汽车后服务发展平台,以专业化、市场化、品牌化为导向,依托当地汽车整车和零配件厂商的生产优势,深度挖掘省内最大的汽车零部件交易市场——洪城汽配城的资源积累,积极推动农机大市场的建设,实现汽车制造业和汽车后市场协调发展。重点发展以整车销售、旧车交易、汽配销售为主的汽车商贸市场,全力引进高

端品牌汽车服务商,形成以知名汽车服务连锁经营商为龙头,以品牌4S店为核心,以汽配市场为主体的多层次的市场体系。利用互联网、远程视频、电子商务等现代信息技术手段,创新交易模式,降低交易成本,提高经济效益,打造高标准汽车产业服务集群,实现在企业品牌、人员素质、地点便利性、服务质量、服务时间和收费标准等方面全方位满足不同消费者需求的大服务和大市场。同时拓展汽车配件和汽车售后服务产业链,增强产业集群效应,延伸汽车服务经济,加快发展汽车会展、汽车物流、汽车租赁、汽车保险、消费信贷、停车服务、报废回收等服务业,支持江铃汽车公司等有条件的自主品牌骨干汽车生产企业建立功能完善的金融服务公司。汽车后市场布局在汽车城东部,成为立足南昌、辐射中部、影响全国的集汽车贸易、维修、服务、会展、培训等于一体的汽车后市场服务中心。

5.4 本章小结

本章首先分析汽车产业集群形成的关键因素及特征和产业集群的效应,以此为基础分别分析集聚效应和协同效应对汽车产业升级的影响;然后提出基于集群效应的全球价值链下我国汽车产业升级的中观机理概念模型,然后从影响因素、动力机制和实现机制三方面对全球价值链下汽车产业升级的中观机理进行分析,认为技术创新和制度创新是汽车产业升级的主要动力;在汽车产业集群内通过合作机制和知识管理机制的作用,最终实现汽车产业全球价值链价值优化。最后结合江西的小蓝汽车产业集群的实际,从影响因素、动力机制和实现机制三方面进行案例分析。

参考文献:

[1] 梅述恩. 嵌入全球价值链的企业集群升级机理研究 [D]. 武汉:华中科技大学,2007.

[2] 梅述恩, 聂鸣. 全球价值链与地方产业集群升级的国外研究述评 [J]. 科技管理研究, 2006 (10): 59-61.

[3] 周煜. 全球价值链下中国汽车企业的组织行为及升级路径研究 [D]. 武汉: 华中科技大学, 2008.

[4] 綦良群, 李楠. 高新技术产业集群形成机理及集聚效应分析 [J]. 工业技术经济, 2007 (2): 16-18.

[5] 陈金梅, 赵海山. 高新技术产业集群网络关系治理效应研究 [J]. 科学学与科学技术管理, 2011 (6): 154-158.

[6] 李辉, 张旭明. 产业集群的协同效应研究 [J]. 吉林大学社会科学学报, 2006 (5): 43-50.

[7] 张辉. 全球价值链下地方产业集群升级模式研究 [J]. 中国工业经济, 2005 (9): 11-18.

[8] 钱平凡. 产业集群是经济发展的一种战略方式 [R]. 国务院发展研究中心: 调查研究报告, 2003.

[9] 卢冲. 基于全球价值链下的地方产业集群升级路径研究 [J]. 合作经济与科技, 2009 (2): 18-19.

[10] 吕文栋, 逯春明, 张辉. 全球价值链下构建中国中药产业竞争优势——基于中国青蒿素产业的实证研究 [J]. 管理世界, 2005 (4): 75-84.

[11] 李俊青, 潘宇斌. 产业链全球化配置下我国民营企业培育自主品牌策略研究 [J]. 生产力研究, 2009 (16): 110-112.

[12] 罗珉, 刘永俊. 企业动态能力的理论架构和构成要素 [J]. 中国工业经济, 2009 (1): 75-86.

[13] 张永凯. 企业自主创新的理论与实证研究——以奇瑞汽车有限公司为例 [J]. 兰州工业高等专科学校学报, 2009 (4): 73-76.

[14] 李江涛, 孟元博. 当前产业升级的困境与对策 [J]. 国家行政学院学报, 2008 (5): 81-84.

[15] 李显君, 庞丽. 中国汽车企业竞争优势突破机制探讨 [J]. 科学学研究, 2008 (2): 110-114.

[16] 杨瑞龙, 覃亮. 制造型企业市场营销能力评价指标研究 [J]. 商业现代化, 2001 (3): 112-113.

第6章 基于政策导向的全球价值链下我国汽车产业升级的宏观机理

6.1 政策导向对汽车产业升级的影响分析

6.1.1 宏观产业政策对技术创新能力的影响分析

产业创新的主体是企业,但是企业无法独立承担从最初的产品概念到研发活动再到科技成果的商业化的全过程,在这个过程中国家起着牵引的作用。技术创新政策是政府为了促进科学技术成果从科研机构流向最终产业部门从而实现其商业价值这一过程所采取的一系列政策措施的统称。宏观产业政策对技术创新能力的影响主要体现在两个方面:

(1) 影响企业对技术创新的重视

宏观产业政策对于技术创新能力的影响,体现在其影响对技术创新能力的重视,因为宏观产业政策影响汽车产业的发展方向,国家通过对宏观产业政策的调节,以相应的奖励措施和惩罚措施为手段,最终使企业越来越重视培育自己的技术创新能力(孟兰兰等,2004)。

(2) 影响企业技术创新能力的水平

技术创新能力的培养需要相对长的时间来完成,在汽车产业发展之初,就已明确提出技术创新的战略,企业可以通过多年的技术创新行为，使得其技术创新能力保持在较高的水平之上。产业政策需要通过刺激企业加大研发投入使之成为技术进步的主体，并在宏观层面加强产业研发活动的投资，提高产业的创新能力（张杰等，2008）。

6.1.2 宏观产业政策对全球价值链构建的影响分析

在全球价值链的专业化分工之下，我国地方产业集群中的企业的行为有一种趋同现象，他们以代工或贴牌的方式参与到跨国公司主导的全球价值链中，他们所参与的环节是技术含量低、创新水平低、劳动密集型的低端生产制造与组装环节。导致他们这种集体行为的主要的原因体现在两个方面：

（1）社会信用体系的缺失

在我国经济快速发展的过程中，金融体系发展滞后导致产业集群中企业在发展过程中面临着融资困难。由于全球价值链构建的过程中导致分工的专业化，使得集群中的企业嵌入价值链中的生产环节相对容易，企业只需要较低的资本投入就可以实现企业的发展（李显君，2010）。与此同时，对于我国产业集群中的企业在本地市场经营产品时，却面临着不可克服的货款拖欠现象，这就破坏了企业的资金链，从而影响企业的正常生产经营。

（2）知识产权保护制度的缺位

为了能快速盈利，我国产业集群中的企业存在着技术模仿—套利—低成本竞争的特征。产业集群中的某一企业通过大量研发投入开发出一种新产品，或者通过引进设备消化吸收生产出一种新产品后，在还没有正式把产品投放市场之前，大量其他企业引进类似设备甚至是更先进的同类设备，这种行为对于进行自主创新的企业而言，在研发和开拓市场等方面的风险就更大了，从而破坏了集群内企业进行自主创新的积极性。

正是因为我国社会信用体系不完善，同时，知识产权的保护措施的缺位，使得本应把重点放在本土市场，把重心放在自主创新上的集群内企业，纷纷放弃本土市场，采取一种相对轻松的方式成为跨国汽车公司主导的全球价值链中的低价值参与者。这对于我国汽车企业的自主创新能力的培养是极其有害的。

6.2 基于政策导向的全球价值链下我国汽车产业升级宏观机理概念模型

制度是产业发展环境及其组织形式的重要影响因素。制度包括制度环境和制度安排，前者是指一般的社会规则，而后者则是指特定的组织形式。制度变迁的过程，也是制度环境与制度安排的变迁过程，促使产业系统产生新的规则，从而带动产业升级。其中，制度环境是一系列用来建立生产、交换与分配基础的政治、社会与法律规则，它是社会中所有制度安排的总和。一般而言，一个社会的制度环境一旦形成就相对稳定，改变起来就比较困难。制度安排则是指对某些具体行动或关系实施管制的规则，包括正式的与非正式的两种类型。其中，正式的制度安排是指人们有意识去创造的一系列政策法则，包括政治规则、经济规则与契约，以及由这一系列的规则所构成的一种等级结构，非正式的制度安排包括传统、习俗、价值观、惯例、意识形态等，它是人们在长期的交往中无意识形成的，包括对正式规则的扩展、细化与限制、社会公共的行为规则及内部实施的行为规则。相比而言，制度安排相对于制度环境更容易改变。通常所说的制度一般是指制度安排。新制度经济学更加关注制度与结构本身，分析制度结构与资源配置及经济发展的关系。

制度变迁理论包括对制度及其变迁内涵的界定，包括制度变迁主体、原则、过程与路径，以及制度变迁类型。此外，还包括研究制度变迁与经济增长关系及其经济史等内容。诺斯指出，制度变迁是指制度创立、变更及随着时间的变化而被打破的方式，是制度的替代、转换与交易的演化过程。制度作为一种公共物品，其替代、转换与交易活动也都存着各种技术与社会的约束条件。

制度变迁方式，是指制度创新主体为实现一定目标时所采取的制度变迁形式、方向、速度、突破口、时间路径等的总和。

（1）诱致性变迁与强制性变迁。根据变迁是由一个人或一群人自发引起还是由政府法令强制推行，可将制度变迁分为诱致性变迁与强制性变迁。诱致性制度变迁是指制度的创新是由一个人或一群人，在响应由制度不均衡所带来的机会时，自发倡导、组织与实行的制度变迁。其具有两个特点：①盈利性，即只有当制度变迁的预期收益大于预期成本时，有关创新群体才会推进制度变迁；②自发性，诱致性制度变迁是一种自下而上、从局部到整体的制度变迁过程。因此，制度的转换、替代、扩散是一个缓慢的过程。

强制性变迁由政府命令与法律来进行引入与实现。强制性制度变迁的主体是国家或政府。国家采取强制性变迁的原因有两点：①国家通过权力垄断与其他资源的垄断，可以以比竞争性组织低得多的费用提供制度性服务；②国家在制度供给上具有规模经济优势。

（2）渐进式变迁与突进式变迁。根据制度变迁的速度来划分，可以将制度变迁划分为渐进式变迁和突进式变迁。渐进式变迁是指变迁的过程相对平衡、新旧制度之间的轨迹平滑，没有引起较大震荡的变迁方式。这种方式从启动变迁到完成变迁一般需要较长的时间。突进式变迁一般是迅速地废除或破坏旧制度，制定与实施新制度，所需要的时间较短。

我国汽车产业政策的演化属于强制式的变迁与突进式的变迁。在汽车产业政策的宏观制度因素影响下，我国汽车企业选择了适宜其发展的战略，最终导致了我国汽车产业发展过程中所存在的产业集中度不高、重复建设严重、自主创新能力不足、自主品牌弱小等问题。全球价值链下汽车产业升级的宏观机理如图6.1所示。

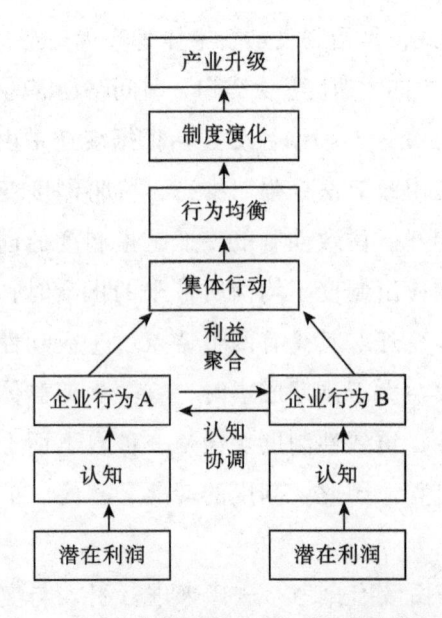

图6.1 全球价值链下汽车产业升级的宏观机理

Fig. 6.1 Micro mechanism of automobile industry upgrading under GVC

在现有的产业环境中，不同的企业对环境中所存在的潜在利润有着不同的认知，在市场竞争中，通过交流与信息共享，慢慢实现了利益聚合，从而导致了产业内企业的某些集体行动，在集体行动的共同努力下，各企业行为趋于均衡，导致了制度演化，最终实现了产业升级。

6.2.1 基于政策导向的全球价值链下我国汽车产业升级作用机制

我国汽车产业由汽车整车企业、汽车零部件企业及汽车营销企业所组成（任玉珑等，2006），其中汽车整车企业是主导企业，汽车零部件企业和汽车营销企业为整车企业服务。我国汽车产业全球价值链升级示意图如图6.2所示。

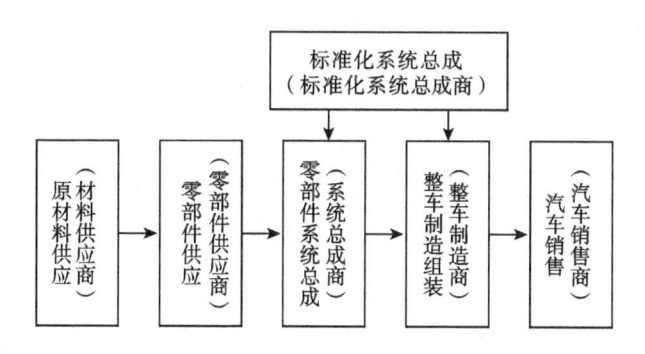

图 6.2　汽车产业价值链升级示意图

Fig. 6.2　Figure of automobile industry GVC upgrading

我国汽车产业在其发展的过程中，受到内在动力和外在动力的双重作用，其中内在动力主要包括企业的生存发展能力、竞争合作能力、运营效率和有序程度，外在动力主要包括政策因素、体制因素、市场因素和风险因素。

（1）内在动力

生存发展能力，主要是指汽车企业在其所生存的政治、经济、社会、文化等宏观环境和技术因素及市场因素等微观环境的作用下，所具备的利用环境中的有利因素，避免环境中不利因素而谋求其自身生存与发展的能力。

竞争合作能力，是汽车企业在其发展的过程中，为了更好地获取市场机会而体现出来的与同行的竞争能力以及与利益相关者的合作能力，从而实现企业利益的优化。我国汽车产业在六十多年的发展历程中，产业内企业所表现出来的竞争与合作能力有待提高。

运营效率，是指企业在经营发展的过程中，充分利用内外资源，实现企业投入与产出比例的一种效率。以较少的投入获得较大的产出即表示运营效率比较高。

有序程度，是指汽车产业在其发展的过程中，利用自组织的原理，实现产业内各组织从无序到有序的一种自我调节的程度。

（2）外在动力

我国汽车产业发展的过程，也是国家对其进行宏观管理的过程。

因此，我国汽车产业的发展历程被深深打上了计划体制的烙印。我国汽车产业政策和汽车管理体制对于我国汽车产业发展的影响是深远的。

政策因素。①投资准入制度。1994版《汽车工业产业政策》和2004版《汽车产业发展政策》都对投资准入制度进行了严格的规定。1994版《汽车工业产业政策》规定对整车和发动机项目实行投资审批制，只有国家重点支持的企业才能对汽车项目进行新建、扩建、改造、合资合作等。2004版《汽车产业发展政策》虽然没有实行审批制，但是规定需要对扩大同类别产品生产能力与增加品种实行备案，对新建汽车企业、汽车发动机以及汽车企业异地建设新的汽车企业实行核准制，并对新的投资项目设立了相应的一些限制规定。另外，2004版《汽车产业发展政策》第四章的结构调整中规定：汽车生产企业不得买卖生产资格，破产汽车生产企业同时取消公告名录。这一严格的投资准入制度，限制了民营资本进入汽车产业，从而制约了民营汽车企业的发展。②产品准入制度。两版汽车产业政策都对汽车产品制定了严格的准入壁垒，具体表现在两个方面：一是对汽车产品实行产品认证制度，未认证为合格产品的生产厂家不得继续经营；二是编制产品目录，产品目录由汽车产业行业管理部门和公安部联合编制，将国家与地方的汽车生产企业与产品型号列入目录，凡未列入产品目录的产品不准在市场上销售，公安机关不予登记上牌照。总体而言，影响轿车产业的进入壁垒主要有：巨额资金壁垒、技术壁垒、规模经济性壁垒、行政性壁垒与沉没成本壁垒等。其中行政性壁垒是造成我国轿车产业进入壁垒很高的重要原因之一。行政性项目审批与目录管理这两个重要行政性壁垒，限制了新的企业的加盟，也限制了现有企业进入其目录以外的产品领域。

体制因素。①行政审批制度。长期以来，我国政府对汽车产业实行严格的行政审批制度，一般而言，一个项目的审批需要获得多个管理部门的批准，从而导致了效率低下的结果。另外，一些地方政府为了自身的财政利益，把本应由国家严格审查的项目化整为零，这使得投资更加分散，从而不利于自主创新的进行。②国有资产管理制度。我国汽车产业的骨干力量是国有汽车企业，汽车产业领域中的国有资产按照行政隶属关系与投资渠道被划分在部门与地方中，这就存在多重委托人的现象，所带来的最大问题就是协调成本与交易成本过高。具体表现在国有资产长期以来被条块化分割且政出多门。由于不同的垂直管理部门与横向地方政府管理部门的目标存在差异，这些目标所对应的经济利益在大部分情况下是相互冲突的，在这些相互冲突的经济利益交错的管理体制下，我国汽车产业很难从全局出发来规划与协调发展。③目录管理制度。汽车企业研制出来了市场上所需要的汽车产品，却不一定能进行生产与销售，其中关键就取决于该汽车产品能否上国家目录。目录管理制度扼杀了中国人无数的创造力，也伤害了很多的汽车产业的民营企业家，无形中给在中国市场上的跨国汽车公司创造了无数的机会。后来，对目录管理制度进行了改革，2007年7月，国家发展与改革委员会为了整顿与规范车辆生产秩序，加强车辆生产的一致性管理，进一步加强车辆生产企业及产品管理工作，对车辆生产企业实行了产品公告管理。其实公告管理制度与目录管理制度相比并无实质的变化。④地方保护主义。在市场经济条件下，需要由市场机制来自发完成企业在市场竞争中的优胜劣汰，政府不应该干预市场机制的自我实现过程，在这种环境中成长起来的企业才真正具有市场竞争能力。而我国汽车产业市场机制被人为地以各种方式予以破坏，其中破坏性最明显的就是地方保护主义。而地方保护主义的主要表现形式就是地方性的税费，使得地方政府在打击外地车辆的同时，实现了财政创收。正是严重的地方保护主义，造成了汽车产业集中度很低，所以很难通过市场机制来完成企业间的兼并重组，造成了资源分散，效率低下，使得汽车产业难以健康发展。

市场因素。1994版《汽车产业工业政策》颁布后，在市场换技术思想的指导下，我国汽车企业纷纷寻找国外合作伙伴成立合资企业，在合资的过程中，由于技术外溢的效应，我国汽车产业取得比较快速的发展。同时，全国经济环境一直良好，老百姓的生活水平也逐年提升。2001年随着中国加入WTO（世界贸易组织）后，老百姓持币待购的情绪得到了释放，私人购车从而成为汽车消费市场的主流，于是我国汽车市场迎来了2002年和2003年的井喷式发展，基于利益的争夺，市场上出现了一些混乱的现象，于是2004年国家采取宏观政策对汽车市场进行调整，新的汽车产业发展政策应运而生。2004版《汽车产业发展政策》在支持自主开发汽车产品方面有明显改进：

①明确提出了支持自主开发。第二十七条规定自主开发可采取自行开发、联合开发和委托开发等多种形式，对自主开发产品的科研设施建设投资予以一定的政策优惠，这就表明国家鼓励汽车企业进行自主开发。

②明确提出了自主品牌战略。第三条规定，激励汽车生产企业提高研发能力和技术创新能力，积极开发具有自主知识产权的产品，实施品牌经营战略。

③指明了我国汽车零部件产业的发展方向。2004版《汽车产业发展政策》的第八章指出，汽车零部件及其相关产业积极参与主机厂的产品开发工作。在关键汽车零部件领域要逐步形成系统开发能力，在一般汽车零部件领域要形成先进的产品开发与制造能力。这就对汽车零部件企业提高自身素质与产品自主开发能力提出了要求。

风险因素。受到保护的国有汽车企业在合资的过程中，由于没有自主创新的要求，也没有市场竞争的压力，出于规避风险来获取个人利益的目的，国有汽车企业选择追求风险小、短期见效且容易成功的事情。与依靠国外合作者的产品技术相比，自主开发新产品风险更大、投资回报期更长且付出的努力更大。因此，国有汽车企业满足于国外汽车公司的技术所带来的丰厚利润从而失去了自主创新的动力。其实，以市场换技术战略的初衷是希望在不耗费外汇的情况下通过合资让出市场，外国企业能够不断地向中国企业输出技术，然后通过国产化来消化吸收这些技术，最终走上自主开发的道路。但是自从合资以来一直到 20 世纪 90 年代中期，政府发现外资方只是把中国当成了海外加工工厂，而并不想给中国输送技术。为了实现自身利益最大化，跨国汽车公司尽可能拖延中国市场上汽车产品的更新换代。同时，跨国公司为了保护其核心竞争力而没有转移其核心技术。

（3）全球价值链下我国汽车产业宏观机理的作用机制

在内外动力的共同作用下，我国汽车产业取得快速的发展，我国汽车产业政策和汽车管理体制等宏观因素对我国汽车产业的作用机制如图 6.3 所示。

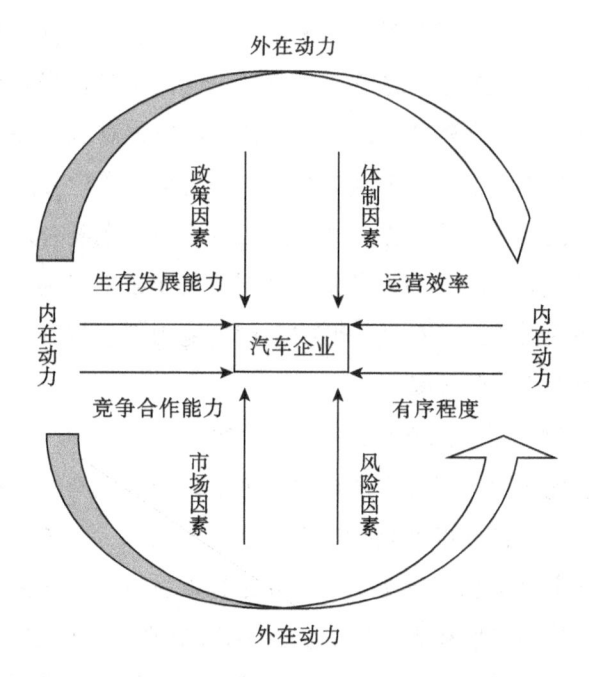

图 6.3　全球价值链下汽车产业升级的宏观作用机制

Fig. 6.3　Macro action mechanism of automobile industry upgrading under GVC

汽车企业受到了内外动力的共同作用，其中内在动力包括生存发展能力、竞争合作能力、运营效率和有序程度。外在动力包括制度因素、体制因素、市场因素和风险因素，在这两方面动力的作用下，实现了汽车产业的升级。

6.2.2 基于政策导向的全球价值链下我国汽车产业升级演化机制

(1) 政策因素对汽车产业升级的影响

汽车产业政策对汽车产业的发展具有明显的指导作用，政策中规定的扩大汽车企业规模与鼓励汽车产业内强强联合就有利于整合汽车产业的资源与优化汽车产业结构。多年来，在我国汽车产业的发展过程中都是国有汽车企业处于强大地位，汽车产业政策是最主要的影响因素之一，后来随着汽车市场准入门槛的降低，才使得民营汽车企业有了施展才华的舞台。1994 版《汽车工业产业政策》中的合资条款，由于合资外方的控制，合资中方很难获取外方的核心技术，同时合资所带来的丰富的利润，也使得合资中方几乎放弃了自主研发，技术创新能力极为低下。在市场换技术没有效果的情况下，2004 版《汽车产业发展政策》中明确提出了对自主品牌培育的重视，从而使得我国汽车企业的技术创新能力有所提升。这些因素直接影响汽车产业的升级。

(2) 体制因素对汽车产业升级的影响

汽车管理体制的完善程度与汽车企业的经营效率直接相关，例如以前的政策审批制度就是对汽车企业经营效率的扼杀。汽车产品目录制度就十分不利于汽车企业创新精神的发挥，使很多具有创新意识的产品最终"胎死腹中"，这是对创新精神的极大伤害，十分不利于培育创新精神，因为创新精神直接影响企业的技术创新和管理创新，从而最终影响汽车产业的升级。由于我国汽车企业多年来都是国有汽车企业占主导地位，而进行合资的大部分也都是国有汽车企业。对于国有汽车企业的领导人而言，因为他具有双重身份，导致其政治目标与企业家精神不一致。因为，当企业领导人站在企业家的立场上考虑问题时，他们觉得要努力降低成本并实现公司和股东权益最大化，他们会考虑并实行企业的可持续发展计划，倾向于从事诸如自主品牌研发等长期投资；但是，当他们站在官员的立场上考虑问题时，认为自己能继续留在任上很重要，然后考虑的是如何在任期内发展稳定，这种无过便是功的经营哲学，很难像纯粹的企业家那样把建设自主品牌作为奋斗目标。所以他们往往采取一种稳定、谨慎而又符合上层评价指标的行为，追求实现可以马上见效的政绩目标。因为创新有风险，而风险则意味着可能会失败，为了规避失败的可能性，国有汽车企业的领导人往往追求短期利益，而建设自主品牌耗时长且有较大风险，往往不会成为国有汽车企业领导所追求的目标。

具体而言，我国汽车产业升级的宏观演化机制如图 6.4 所示。

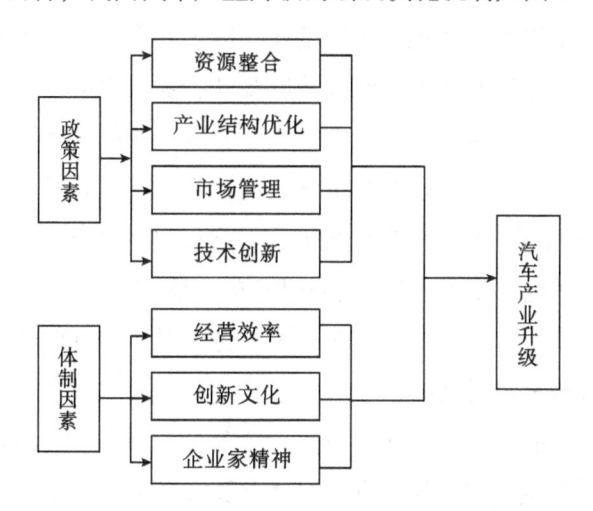

图 6.4 全球价值链下汽车产业升级的宏观演化机制

Fig. 6.4 Macro evolution mechanism of automobile industry upgrading under GVC

政策因素可以促进产业内进行资源整合，还可以促进产业结构优化，实现市场管理，促进汽车企业把重点放在技术创新上，从而最终影响产业升级。而体制因素影响汽车企业的经营效率，影响汽车企业创新文化的培育，也影响汽车企业内企业家精神的发挥，从而最终影响汽车产业升级。

6.3 我国汽车产业政策对产业升级影响的经验分析

6.3.1 三十多年来我国汽车产业政策的演进过程

我国汽车产业起步于20世纪50年代，直到80年代早期，我国汽车产业仍然被中央政府控制，由于国有汽车企业是我国汽车产业的重要组成部分，中央与地方政府控制着汽车企业生产所需要的原材料与最终产品，汽车企业并没有从事实际意义的生产经营，而仅仅从事简单的生产工作。汽车产业的制度环境在20世纪80年代中期以后发生了很大的变化。主要表现在以下几个方面：①中央政府的放权行为，导致隶属于各地方政府或各工业部门的汽车企业或企业集团出现了；②给予外商独资企业与合资企业的三减两免的税收优惠政策，促成了合资企业在市场上的蓬勃发展；③对自主创新的重视，2004版《汽车产业发展政策》明确规定了对自主创新能力的重视，强调了进一步加大自主品牌建设的力度。

根据汽车产业发展政策颁布时间的先后顺序，可以把我国汽车产业发展政策的变迁的过程分为四个阶段：独立发展阶段（1953—1983年）、改革开放阶段（1983—1993年）、1994版《汽车工业产业政策》阶段（1994—2003年）、2004版《汽车产业发展政策》阶段（2004年至今）。

（1）独立发展阶段（1953—1983年）

1949年，筹建新中国的汽车工业被提上议事日程。1953年7月23日是第一汽车制造厂奠基的日子，三年后一汽生产出了第一辆自己的解放牌载货汽车。此后，我国汽车产业取得了一定的发展。"文化大革命"期间，汽车产业的发展没有前进反而下滑。"文化大革命"结束后，我国汽车产业又开始走向正轨。在计划经济体制下，汽车作为国家统一调配的物资，由国家计委统一调配，汽车产业管理由中央管理为主转变为中央与地方共同管理。这一阶段对汽车工业实行的是高保护的政策，集中全国有限的资源，力保一汽生产建设。汽车产业高度国产化，并实行高关税，严格限制外商介入。

（2）改革开放阶段（1983—1993年）

改革开放以后，中央把部分权力下放给地方政府，于是由中央和地方共同管理国有汽车企业。为了进一步发展我国汽车产业，鼓励外资来华投资，政府制定了诸多的优惠政策。而此时，跨国汽车公司的发展环境并不太好，面临着激烈的市场竞争和成本压力，于是在我国优惠政策的吸引下，同时也对我国巨大的市场需求垂涎三尺，于是诸多跨国汽车公司选择来华发展，如德国大众、法国标致、日本大发、法国雪铁龙、日本铃木等。于是我国汽车市场上出现了众多的合资企业。1983—1993年国有汽车企业在轿车领域与跨国公司的合作情况见表6.1。1983年的轿车产量为0.5万辆，1993年轿车产量达13.5万辆，可见增长速度之快。

表6.1 国有汽车企业在1983—1993年轿车市场上和跨国汽车公司的合作一览表

Table 6.1 Stated-owned automobile enterprise cooperated with multinational company in 1983—1993

汽车企业	成立时间	合资对象	汽车产品
北京汽车制造公司	1983年	克莱斯勒（美）	切诺基
广州汽车制造公司	1985年	标致（法）	标致
上海汽车工业公司	1985年	大众（德）	桑塔纳
天津汽车工业公司	1986年	大发（日）	夏利
第一汽车集团公司	1991年	大众（德）	捷达
东风汽车公司	1992年	雪铁龙（法）	富康
长安汽车公司	1993年	铃木（日）	奥拓

在这一阶段，由于国家政策的影响，我国汽车市场上开始出现

了外资成分，另外，中央把国有汽车企业的管理权部分下放，使得地方政府也参与到汽车产业的管理中来。在汽车产业发展政策等制度因素的影响下，大部分的国有汽车企业都选择了一个甚至多个跨国公司进行合资，于是开始逐步融入跨国公司的全球生产网络之中。而对于跨国汽车公司而言，其基于全球目光来关注自身利益，而国有汽车企业基于惰性的考虑，则希望借跨国公司之力来实现产业升级，两个主体在利益上存在冲突，因此很难达成目标一致。这一阶段，市场需求增长很快，我国汽车产量也难以满足其需求，不足的部分通过进口汽车来弥补，进口汽车势必会破坏本国汽车产业的发展，基于对本国汽车工业的保护，于是，1994版《汽车工业产业政策》诞生了。

(3) 1994版《汽车工业产业政策》阶段（1994—2003年）

1994年，中央政府颁布了《汽车工业产业政策》，其中规定投资规模和外国合资伙伴的批准等都是实行行政审批制的条款。2001年我国加入WTO后，中央政府放宽了内外资进入汽车产业的各种限制，在这种政策的指引下，地方政府部门积极地利用各种来源的资金来发展汽车产业。基于竞争的压力，全球范围内汽车企业进行兼并重组，形成了少数几家汽车战略集团，这些汽车集团通过转移其生产环节，对发展中国家的汽车产业进行整合，由少数跨国汽车公司主导的全球价值链体系从此形成了（周煜，聂鸣，2008）；尚未进入中国的跨国汽车公司基于追求利益的目的，来到我国进行投资的步伐开始加快了；全球垄断供应商的发展得益于汽车零部件供应商间的兼并重组，它们随着跨国汽车公司来华投资，使得全球供应网络代替了原有的供应关系（Humphrey，2003）。1994年后国有汽车企业轿车领域与跨国汽车公司的合作见表6.2。

表6.2 1994年后国有汽车企业在轿车市场上与跨国汽车公司合作一览表

Table 6.2 Stated-owned automobile enterprise cooperated with multinational company after 1994

汽车企业	成立时间	合资对象	汽车产品
福州汽车制造公司	1995年	中华（台）	菱帅
上海汽车工业公司	1997年	通用（美）	别克
广州汽车工业公司	1998年	本田（日）	雅阁
南京汽车工业公司	1999年	菲亚特（意）	派力奥
第一汽车集团公司	2000年	丰田（日）	威驰
东风汽车公司	2001年	标致（法）	富康
长安汽车集团公司	2001年	福特（美）	蒙迪欧
北京汽车工业公司	2002年	现代（韩）	索纳塔
东风汽车公司 江苏悦达投资公司	2002年	起亚（韩）	东风悦达起亚
华晨汽车控股公司	2003年	宝马（德）	宝马
东风汽车公司	2003年	本田（日）	CR－V
东风汽车公司	2003年	日产（日）	蓝鸟
广州汽车工业公司	2004年	丰田（日）	凯美瑞
北京汽车工业公司	2005年	戴－克莱斯勒	奔驰
奇瑞汽车有限公司	2007年	戴－克莱斯勒	道奇

从表6.2可以看出，对中国市场很是期待的跨国汽车公司纷纷与国有汽车企业成立了合资汽车企业，合资过程中的技术外溢，给民营汽车企业的发展带来了外部经济性。吉利汽车公司在其全球化发展的过程中逐步建立了自主研发平台，研发自主品牌轿车。全国的轿车产量由1994年的15.4万辆增加到2003年的201.9万辆，增幅超过了十倍。

这一阶段内资和外资进入汽车市场的各种限制被逐步放宽了，政府的管理方式逐步转变为宏观调控，增强了地方制度因素的影响力，汽车产业纷纷被拥有更多自主权的地方政府列为地方性支柱产业。另外，我国经济的快速发展与汽车市场的井喷式发展使得我国成为跨国汽车公司主导的全球价值链间竞争的必争之地。诸多跨国汽车公司响应我国汽车产业政策的相关规定，纷纷选择与我国国有汽车企业成立合资公司来参与我国汽车市场上的竞争，于是，国有汽车企业逐步嵌入到跨国汽车公司主导的全球价值链的生产环节中；合资的过程中，由于技术外溢的效应使得一部分国有汽车企业模仿国外产品技术，开始尝试自主创新模式。2001年加入WTO后，1994版《汽车工业产业政策》已经不能满足我国汽车产业的发展需求。经济的全球化导致汽车产业在全球范围内大规模兼并重组，国外汽车产业的市场集中度明显高于国内市场，需要制定新的行业政策来协调国际与国内企业的发展。这些影响因素促成了2004版《汽车产业发展政策》的问世。

(4) 2004版《汽车产业发展政策》阶段（2004至今）

在这一阶段，2004版《汽车产业发展政策》问世，国家产业发展战略发生了重大转变，增强自主创新能力被放到了很高的战略高度；自主品牌战略成为新的汽车产业政策的亮点，开发具有自主知识产权的产品成为鼓励的目标；政府对于汽车企业的自主创新行为给予各项优惠政策和资金支持。由于我国汽车市场上的竞争日益激烈，为了更好地开拓本土市场，跨国汽车公司开始根据我国消费者的需求特点来设计汽车产品；更多的跨国零部件供应商来我国投资，发展了我国零部件配套体系，模块化全球采购成为我国汽车企业新的选择。在新的汽车产业政策的鼓励下，研发并生产自主品牌轿车成为国有汽车企业的重要工作，而自主品牌轿车已经取得一定成绩的国有汽车企业开始进行整车出口与海外建厂。汽车产量由2004年的507万辆增加到2017年的2902万辆。部分国有汽车企业发展自主品牌轿车的情况见表6.3。

表6.3 部分国有汽车企业发展自主品牌轿车的情况

Table 6.3 Own brand car of some of stated-owned automobile enterprises

汽车企业	成立时间	自主品牌汽车产品
华晨汽车控股有限公司	1992 年	中华、尊驰、骏捷
哈飞汽车股份有限公司	1994 年	路宝、赛马、赛豹
长安汽车公司	1995 年	奔奔
一汽轿车股份有限公司	1997 年	红旗、奔腾
奇瑞汽车有限公司	1997 年	风云、旗云、QQ、东方之子、瑞虎、A5
一汽海马汽车有限公司	1998 年	福美来
天津一汽夏利汽车股份公司	2002 年	威乐、夏利、威姿
上海汽车有限公司	2005 年	荣威
南京名爵汽车有限公司	2006 年	名爵
东风汽车有限公司	2010 年	启辰
广汽集团	2010 年	传祺

这一阶段，政府对汽车产业发展战略进行了调整，自主创新能力被放到了很高的战略高度。汽车企业自主创新行为可以得到地方政府大量的资金支持与地方性优惠政策。跨国汽车公司主导的全球价值链间的竞争很激烈，为了争夺在我国汽车市场中的份额，后来进入我国市场的跨国汽车公司通过提供符合本地顾客需求的更具竞争力的产品来达到目的（Humphrey，2003），于是跨国汽车公司的全球化计划重新进行了调整，本土化战略成为它们的优先选择，于是在我国成立了很多研发机构，主要跨国汽车公司在中国成立的研发机构见表6.4。

表6.4 主要跨国汽车公司在中国成立的研发机构

Table 6.4 Research and development institutions of multinational automobile company

跨国汽车公司	成立时间	研发机构	成立地点
美国通用汽车公司	1997 年	上海泛亚汽车研发中心	上海
日本丰田汽车公司	1998 年	丰田汽车技术中心（中国）有限公司	天津
日本日产汽车公司	2006 年	东风日产乘用车研发中心	广州

续表

跨国汽车公司	成立时间	研发机构	成立地点
德国大众汽车公司	2006 年	上海大众技术研发中心	上海
美国福特汽车公司	2006 年	福特汽车工程与研发中心	南京
日本本田汽车公司	2007 年	广州本田汽车研究开发有限公司	广州
意大利菲亚特汽车公司	2008 年	菲亚特动力科技股份公司	上海
德国奥迪汽车公司	2013 年	奥迪亚洲研发中心	北京
韩国现代汽车公司	2013 年	现代汽车研发中心（中国）有限公司	烟台
德国奔驰汽车公司	2014 年	梅塞德斯－奔驰乘用车中国研发中心	北京
德国保时捷汽车公司	2015 年	保时捷工程技术研发（上海）有限公司	上海
美国特斯拉汽车公司	2017 年	特斯拉（北京）新能源研发有限公司	北京

6.3.2 产业政策对我国汽车产业升级的影响评估

汽车产业政策对于我国汽车产业的发展起到了重要的指引作用，从近三十年来我国汽车工业的发展情况来看，汽车产业政策对我国汽车产业升级的影响主要表现在以下几个方面。

（1）对产业集中度的影响

两版产业政策都强调了建立大型产业组织。1994 版《汽车工业产业政策》明确提出，要在 20 世纪内，支持 2～3 家汽车生产企业（企业集团）成长为具有相当实力的大型企业。2004 版《汽车产业发展政策》提出要形成几家具有国际竞争力的大型汽车企业集团。但是，在实际操作过程中，我国汽车产业组织整合的难度很大，原因有二：一是基于地方保护主义的根本原因而导致的产业集中度不高；二是跨国汽车公司对我国汽车产业进行了分割式的合资。汽车产业资本结构中民营资本所占比例一直很少，在整车领域所占的比例就更少了。严格的市场准入政策并没有提高我国汽车产业的集中度，反而使地方政府出于利益的考虑而上汽车项目，限制了优质资源进入汽车市场，即使进入成本也很高。耗费了很大的人力、物力与时间后，奇瑞汽车公司与吉利汽车公司才进入汽车市场，并且在允许其合法生产汽车之前当了一段时间的"非正规军",这两家汽车企业都生产自主品牌汽车产品,并已成为我国汽车产业发展的新希望。

(2) 对自主创新能力的影响

两版汽车产业政策都实行了严格的产品准入制度。一是通过汽车产品认证制度限制准入,只有汽车产品被认证为合格产品的生产企业才能进行生产经营;二是通过编制产品目录限制准入,将国家与地方的汽车生产企业与产品型号列入产品目录,只有已经列入产品目录的产品才能在市场上销售,否则公安机关不予登记上牌照。另外,为了进一步提高企业进入汽车产业的门槛,1994版《汽车工业产业政策》对整车与发动机项目实行投资审批制,并规定只有国家重点支持的企业才能进行新建、扩建、改造、合资合作等汽车项目,这些规定制约了汽车企业进行自主创新的积极性。2004版《汽车产业发展政策》改变了过去的审批制,规定扩大同类别产品生产能力与增加品种实行备案,对新建汽车企业、汽车发动机和汽车企业异地建设新的汽车企业实行核准制,并对新的投资项目设立了一些相应的限制规定(刘国新等,2006),同样影响了汽车企业进行自主创新的积极性。

国外汽车企业必须与中国汽车企业合资才能进入中国市场,并且对股比有明确的数量限制,同时也限制了合资企业的数量。在这种保护政策之下,我国汽车市场呈现出高价格与高利润的特点,因此,合资汽车企业可以轻松获得利润,从而缺乏消化与吸收跨国汽车企业技术的动力与压力。同时,跨国汽车企业也加大了对汽车价值链的控制与整合。在这两方面因素的影响之下,导致合资汽车企业的自主创新能力不强。

(3) 对产业绩效的影响

政府对汽车产业实行严格的投资准入制度与产品准入制度,这使得国有汽车企业受到保护,从而在我国汽车产业的发展过程中长期占据垄断地位,最终使我国汽车产业能够在生产效率低的情况下具有较高的盈利水平。国有汽车企业在合资过程中，受到知识溢出效应与学习效应的影响不明显，最终的结果是国内汽车企业创新能力很弱，使得汽车产业的创新体系受到破坏，导致整个汽车产业的竞争能力较弱。跨国汽车企业掌握合资汽车企业的控制权与收益权，在跨国汽车公司的打压下，民族汽车产业被边缘化。

6.4　本章小结

本章以制度变迁理论为基础分析了我国汽车产业升级的宏观机理，首先分别从产业政策对技术创新的影响和对全球价值链的构建的影响来分析政策导向对汽车产业升级的影响；其次根据制度演化的一般范式提出基于政策导向的全球价值链下我国汽车产业升级的宏观机理概念模型；再次从作用机制和演化机制两方面对汽车产业升级的宏观机理进行分析，通过对作用机制的分析认为汽车企业受到了内外动力的共同作用，其中内在动力包括生存发展能力、竞争合作能力、运营效率和有序程度。外在动力包括制度因素、体制因素、市场因素和风险因素。在这两方面动力的作用下，实现了汽车产业的升级。通过对演化机制的分析认为政策因素通过影响资源整合、产业结构优化、市场管理和技术创新来影响汽车产业升级；体制因素通过影响企业的经营效率、创新文化和企业家精神来影响汽车产业升级。最后从我国汽车产业政策对产业升级的影响方面进行经验分析。

参考文献：

[1] 孟兰兰, 信颖. 产业技术创新与政府支持政策 [J]. 财经理论研究, 2004 (2): 97-99.

[2] 张杰, 刘志彪. 制度约束、全球价值链嵌入与我国地方产业集群升级 [J]. 当代财经, 2008 (9): 84-91.

[3] 李显君, 庞丽, 徐可. 价值转移、路径创新与竞争优势——基于中国汽车

企业的实证分析［J］. 中国软科学, 2010（1）：102－115.

［4］任玉珑, 胡姝娟, 卢涛. 汽车行业的价值链分解与外包战略研究［J］. 科技管理研究, 2006（5）：41－43.

［5］周煜, 聂鸣. 我国汽车产业 R&D 投资及创新绩效的动态博弈分析［J］. 汽车工程, 2008（8）：725－728.

［6］Humphrey J. The Global Automotive Industry Value Chain：What Prospects for Upgrading by Developing Countries［R］. UNIDO, 2003.

［7］刘国新, 李兴文. 企业自主创新能力的形成机制研究［J］. 科技与经济, 2006（1）：29－31.

第7章 我国汽车产业升级路径研究

7.1 技术创新夯实全球价值链下汽车产业升级的基础

要提升汽车企业的技术创新能力，实现从低附加值的制造环节向高附加值的研发设计和品牌等环节延伸，从而实现汽车企业乃至整个汽车产业的核心动态能力的培育，这就使得汽车企业需要很强的技术能力与资金实力作为支撑（王一鸣、王君，2005）。技术创新是全球价值链下汽车产业升级的基础，技术创新是一项高投入的工程，因此其又依托研发投入而得以进行，为了进一步研究技术创新与研发投入之间的关系，本书以研发投入和科技人员数量与汽车销售收入之间的关联性进行定量分析。

7.1.1 加大研发投入

汽车企业要顺利地从事自主研发工作，就必须保证有足够的资金来确保自主研发工作的进行。一般而言，我国的汽车制造企业的自主研发资金有两个主要来源：一是来源于汽车企业在自我发展过程中所完成的资金积累；二是来源于政府支持汽车企业自主创新的专项研发资金。加大研发投入是提升汽车企业的自主创新能力的必要前提。为了进一步分析汽车企业研发投入与汽车销售收入的关系，以及研发投入的变化对汽车销售收入的影响，本书通过 VAR 模型

(Vector Autoregression，向量自回归）来进行研究。

（1）VAR 模型

向量自回归（VAR）是指系统内每个方程有相同的等号右侧变量，而这些右侧变量包括所有内生变量的滞后值。在这个系统中，当每个变量都对观测其余变量起作用时，这组变量适合用 VAR 模型表示。一般而言，相互联系的时间序列变量系统比较适合采用向量自回归模型来进行有效的预测，另外，分析不同类型的随机误差项对系统变量的动态影响也比较适合采用向量自回归模型。

VAR 模型分析共有以下几个步骤：①VAR 模型估计。以回归系数估计值、回归系数估计量的 T 统计量的值等对 VAR 模型进行估计。②滞后期确定。确定滞后阶数 P 的检验方法有似然比检验 LR（Likelihood Ratio）、赤池准则 AIC（Akaike information criterion）和施瓦茨准则 SC（Schwarz criterion），SC 准则有时又称为贝叶斯信息准则 BIC（Bayes Information Criterion）。其中，AIC 和 SC 准则属于应用比较多的准则，其值越小越好。③平稳性检验。进行 VAR 分析的一个前提条件是时间序列中的数据具有平稳性的特点，而 ADF 检验（Augmented Dickey-Fuller）的方法是经常用来检验一个时间序列是否平稳的工具。④VAR 模型的预测。VAR 模型的预测有动态预测与静态预测两种类型，一般是通过序列图的形式来观测序列的变化趋势。⑤脉冲响应函数分析。即分析模型受到某种冲击时，或者说当一个误差项发生变化时对系统的动态影响。脉冲响应函数是指系统中某一变量受到冲击时，系统中的其他各变量对于冲击的反映情况。⑥协整性检验。协整（Cointegration）代表变量间的均衡关系。协整的经济意义是它表明了时间序列变量之间的长期稳定关系，具有协整关系的变量虽然在短期具有各自的变动规律，但在长期却存在着协调变化的趋势。用来检验是否存在协整关系的一种常用方法是 Johansen 检验。⑦建立向量误差修正 VEC 模型。VEC 模型是有约束条件的 VAR 模型，而且 VEC 模型适用于具有协整关系的非平稳序列。所以，应该先进行 Johansen 检验来确定变量是否具有协整关系，然后再建立 VEC 模型。

（2）数据来源

本研究数据来源于 1993—2017 年的《中国汽车工业年鉴》中汽车研发投入、科技人员的数量和汽车销售收入数据。在时间序列分析中，为了能够消除数据的异方差并使数据更加稳定，同时使得到的数据不丢失数据原有信息，一般情况下需要将数据进行对数处理。因此在进行数据分析之前，将所有数据先进行对数处理。

（3）全球价值链下研发投入与汽车整车销售收入的关联分析

建立 VAR 模型分析汽车销售收入与研发投入和科研人员的数量之间的关系。

①VAR 模型估计。根据 Eviews 5.0 软件对 VAR 模型进行检验，检验的结果见表 7.1。

表 7.1　VAR 模型检验表

Table 7.1　Check list of VAR model

	LNX	LNH
LNX（-1）	0.723793	0.000831
	(0.27339)	(0.01104)
	[2.64749]	[0.07522]
LNX（-2）	-0.302667	0.003127
	(0.23282)	(0.00940)
	[-1.29999]	[0.33246]
LNH（-1）	8.163508	1.472390
	(5.21086)	(0.21048)
	[1.56663]	[6.99525]
LNH（-2）	-1.952800	-0.530353
	(6.15646)	(0.24868)
	[-0.31720]	[-2.13267]
C	-5.778191	0.074913
	(2.62580)	(0.10606)
	[-2.20055]	[0.70630]
R-squared	0.990694	0.998072

续表

	LNX	LNH
Adj. R-squared	0.987310	0.997371
Sum sq. resids	0.165941	0.000271
S. E. equation	0.122823	0.004961
F-statistic	292.7528	1423.896
Log likelihood	13.84667	65.19210
Akaike AIC	-1.105833	-7.524013
Schwarz SC	-0.864399	-7.282579
Mean dependent	6.935228	1.595017
S. D. dependent	1.090300	0.096768
Determinant resid covariance (dof adj.)		3.59E-07
Determinant resid covariance		1.70E-07
Log likelihood		79.31470
Akaike information criterion		-8.664337
Schwarz criterion		-8.181469

②选择 VAR 模型滞后期。确定 VAR 模型的滞后期，根据 Eviews 软件，得到 VAR 模型的滞后期选择表，见表 7.2。表中共有 5 个评价统计量的值。一般认为 AIC 和 SC 的值越小越好。本研究中 AIC 值分别为 -2.98、-17.33、-17.87、-18.45；SC 的值分别为 -2.88、-17.04、-17.4、-17.79，AIC 值最小的是 -18.45，SC 值最小的是 -17.79，因此认为建立三阶的 VAR 模型比较合理。

表 7.2 VAR 模型的滞后期选择表

Table 7.2 Lag phase selection table of VAR model

Lag	LogL	LR	FPE	AIC	SC	HQ
0	24.34529	NA	0.000174	-2.979372	-2.884965	-2.980378
1	135.9586	178.5812	1.03e-10	-17.32781	-17.04459	-17.33083
2	144.0611	10.80332*	6.24e-11	-17.87481	-17.40277	-17.87984
3	152.3552	8.847078	3.90e-11*	-18.44736*	-17.78651*	-18.45440*

* indicates lag order selected by the criterion

LR：sequential modified LR test statistic (each test at 5% level)

Lag	LogL	LR	FPE	AIC	SC	HQ
FPE：Final prediction error						
AIC：Akaike information criterion						
SC：Schwarz information criterion						
HQ：Hannan-Quinn information criterion						

③平稳性检验。汽车销售收入与汽车研发投入和科研人员的数量之间的时间序列的平稳性可以通过 Eviews 5.0 软件中的单位根方法来检验，检验的最终结果见表 7.3。由表 7.3 可以看出数据的一阶差分序列都通过了 ADF 的平稳性检验，并且数据都是一阶单整的，即一阶差分后平稳，可以进行协整检验。

表 7.3 汽车销售收入与研发投入和科研人员数量的平稳性检验

Table 7.3 Stationary test table of automobile sale proceed, R&D investment, research personnel

Root	Modulus
0.970583	0.970583
0.358703 − 0.457328i	0.581220
0.358703 + 0.457328i	0.581220
0.508194	0.508194
No root lies outside the unit circle.	
VAR satisfies the stability condition.	

VAR 模型的平稳性还可以用 VAR 模型全部特征根的位置图来观察，如图 7.1 所示，所有的特征根都在单位圆内，因此认为系统是平稳的。

④VAR 模型预测。序列的动态预测如图 7.2 所示，三个变量均体现稳定上升的趋势。

⑤脉冲响应分析。可以通过脉冲响应分析来进一步判断研发投入和科研人员的数量如何影响汽车销售收入。研发投入和科研人员数量的变动的一个标准差脉冲响应函数分析如图 7.3 所示，其中横

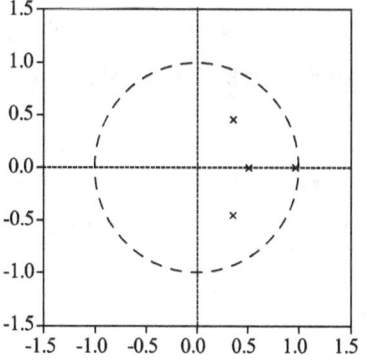

图 7.1 VAR 模型特征根位置图

Fig. 7.1 Characteristic root location map of VAR model

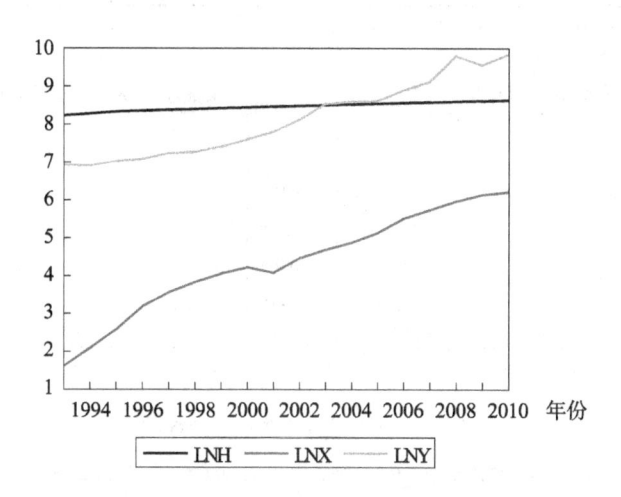

图 7.2 VAR 模型动态预测图

Fig. 7.2 Dynamic forecast map of VAR model

轴代表影响的时期，纵轴代表影响程度的百分比。

由图 7.3 可以看出，研发投入的一个标准差脉冲的变动对汽车销售收入变动的影响是先上升后下降，在前 4 年处于下降阶段，之后慢慢上升，说明研发投入对汽车销售收入的冲击是在一段时间的沉淀后逐步增加，也就是说在汽车工业发展初期，需要较大的研发投入，因此其与销售收入间成反比关系，随着研发投入的继续增加，开始对销售收入产生正向影响,并逐步呈现上升的趋势。科研人员数量的变动对汽车销售收入变动的影响一直呈现上升趋势,说明随着科研人员的增加,由于人力资本所带来的收益对汽车销售收入呈现正向影响。

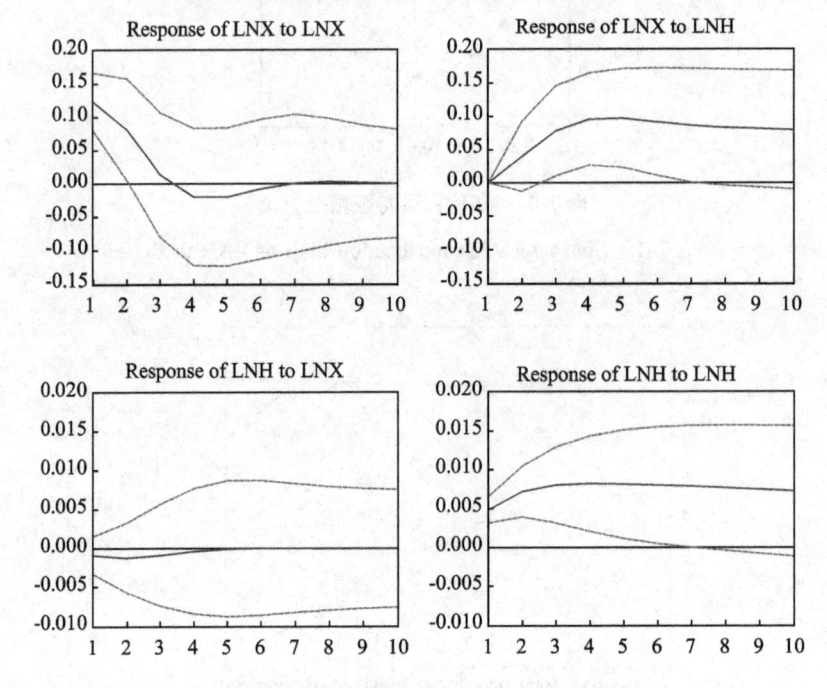

图 7.3　VAR 模型脉冲响应函数图

Fig. 7.3　Pulse response function diagram of VAR model

⑥协整性检验。为了验证变量间的协整关系,需要对模型进行协整性检验,利用 Eviews 软件对模型进行协整性检验,检验结果见表 7.4。从表中可以看出变量之间存在协整关系。

表 7.4　VAR 模型 Johansen 协整检验表

Table 7.4　Johansen cointegration table of VAR model

Included observations: 14 after adjustments	
Trend assumption: Linear deterministic trend	
Series: LNH LNX LNY	

续表

Lags interval (in first differences): 3 to 3				
Unrestricted Cointegration Rank Test (Trace)				
Hypothesized No. of CE (s)	Eigenvalue	Trace Statistic	0.05 Critical Value	Prob. **
None *	0.999471	124.1383	29.79707	0.0000
At most 1 *	0.606108	18.52280	15.49471	0.0169
At most 2 *	0.323875	5.479291	3.841466	0.0192
Trace test indicates 3 cointegrating eqn (s) at the 0.05 level				
* denotes rejection of the hypothesis at the 0.05 level				
** MacKinnon-Haug-Michelis (1999) p-values				
Unrestricted Cointegration Rank Test (Maximum Eigenvalue)				
Hypothesized No. of CE (s)	Eigenvalue	Max-Eigen Statistic	0.05 Critical Value	Prob. **
None *	0.999471	105.6155	21.13162	0.0001
At most 1	0.606108	13.04351	14.26460	0.0773
At most 2 *	0.323875	5.479291	3.841466	0.0192
Max-eigenvalue test indicates 1 cointegrating eqn (s) at the 0.05 level				
* denotes rejection of the hypothesis at the 0.05 level				
** MacKinnon-Haug-Michelis (1999) p-values				
Unrestricted Cointegrating Coefficients (normalized by b'* S11 * b = I):				
LNH	LNX	LNY		
-21.49349	0.123574	0.081930		
100.6117	-1.641299	-7.012228		
-81.74943	10.03584	-2.985532		
Unrestricted Adjustment Coefficients (alpha):				
D (LNH)	0.001008	5.65E-06	-3.27E-07	
D (LNX)	-0.004043	0.033772	-0.060562	
D (LNY)	-0.016171	0.134699	-0.002311	
1 Cointegrating Equation (s):	Log likelihood	145.8637		
Normalized cointegrating coefficients (standard error in parentheses)				
LNH	LNX	LNY		
1.000000	-0.005749	-0.003812		

	(0.00244)	(0.00241)		
	Adjustment coefficients (standard error in parentheses)			
D (LNH)	-0.021656			
	(0.00017)			
D (LNX)	0.086897			
	(0.82333)			
D (LNY)	0.347571			
	(1.23992)			
2 Cointegrating Equation (s):		Log likelihood	152.3855	
Normalized cointegrating coefficients (standard error in parentheses)				
LNH	LNX	LNY		
1.000000	0.000000	0.032046		
		(0.00249)		
0.000000	1.000000	6.236769		
		(0.40777)		
Adjustment coefficients (standard error in parentheses)				
D (LNH)	-0.021087	0.000115		
	(0.00081)	(1.3E-05)		
D (LNX)	3.484764	-0.055930		
	(3.76698)	(0.06027)		
D (LNY)	13.89981	-0.223079		
	(3.72649)	(0.05962)		

⑦建立 VEC 模型。利用 Eviews 5.0 构建 VEC 模型，见表 7.5。

表 7.5　VEC 模型表

Table 7.5 Table of VEC model

Sample (adjusted): 1996—2010		
Included observations: 15 after adjustments		
Standard errors in ( ) & t-statistics in [ ]		
Cointegrating Eq:	CointEq1	
LNX (-1)	1.000000	
LNH (-1)	-73.59541	

续表

	(0.44200)	
	[-166.504]	
C	109.8424	
Error Correction:	D (LNX)	D (LNH)
CointEq1	-0.006316	0.000309
	(0.01066)	(2.4E-06)
	[-0.59258]	[127.694]
D (LNX (-1))	-0.081093	-8.50E-05
	(0.32767)	(7.4E-05)
	[-0.24748]	[-1.14256]
D (LNX (-2))	0.032691	5.12E-05
	(0.27156)	(6.2E-05)
	[0.12038]	[0.82992]
D (LNH (-1))	8.455149	0.006623
	(9.31620)	(0.00211)
	[0.90758]	[3.13181]
D (LNH (-2))	8.143946	0.007398
	(8.79066)	(0.00200)
	[0.92643]	[3.70759]
C	-0.134834	0.020036
	(0.17857)	(4.1E-05)
	[-0.75508]	[494.306]
R-squared	0.456805	0.999775
Adj. R-squared	0.155029	0.999651
Sum sq. resids	0.210360	1.08E-08
S. E. equation	0.152883	3.47E-05
F-statistic	1.513724	8009.811
Log likelihood	10.71832	136.5773
Akaike AIC	-0.629110	-17.41030
Schwarz SC	-0.345890	-17.12708
Mean dependent	0.243150	0.020359
S. D. dependent	0.166318	0.001856

续表

Determinant resid covariance (dof adj.)	2.26E-11
Determinant resid covariance	8.14E-12
Log likelihood	148.9349
Akaike information criterion	-17.99132
Schwarz criterion	-17.33047

7.1.2 坚持自主研发

日本与韩国汽车工业的起步源于对国外汽车技术的学习，虽然它们的汽车工业发展历程并不长，但最后却发展为汽车工业强国。通过分析日本与韩国汽车工业的发展历程，可以得出的结论是它们崛起的最重要的原因就是对于技术学习的重视，在认真进行技术学习的同时坚持了自主研发（王翔，2000）。虽然自主研发风险大，但是却能够保证其在产品研发层次上的技术学习并且可以避免受到外国企业的控制，所以通过自主研发的方式参与市场竞争的汽车企业必须保持高强度的技术学习。一般情况下，先进国家的汽车企业不会轻易转让技术，特别是相对先进的技术，在这种情况下，后进国家只有进行高强度的学习，才有可能跟上或赶超先进国家。因为随着全球经济一体化以及信息技术的快速发展，后进国家可以利用公开资源进行学习，从而可以间接获得先进国家的技术。

因此，后进国家汽车企业要想获取先进国家汽车企业的技术的一个关键条件是，在坚持自主研发的过程中学习强度是否很大。我国汽车工业已经走过了二十多年的合资之路，事实证明市场换技术是一项没有结果的决策，发展民族汽车工业必须坚持自主研发。因为自主研发不但可以实现自主创新，而且可以以开放式创新的形式获取先进的国家技术。

7.1.3 协同创新

这里讨论的协同创新包括两种情况，一是产学研协同创新；二是汽车企业供应链之间的协同创新。

通过汽车企业、高校、科研院所等不同的主体，针对汽车产业中的基础技术进行协同创新，充分发挥不同主体的优势，发挥协同效应。

汽车企业之间就汽车产业发展过程中的共同技术等问题进行协同创新。

7.2 集群协同打造全球价值链下汽车产业升级的平台

7.2.1 整合产业集群内资源

（1）信息资源

产业集群内的信息资源包括市场信息、技术信息和物流信息。市场信息服务可以使汽车企业能及时了解国内外市场状况，包括市场供给状况与市场需求状况。应当整合相关信息，建立市场需求信息平台与市场供给信息平台。技术信息提供行业最新的技术研究成果以及技术成果的研究机构（吕文栋、张辉，2005）。物流信息提供每个企业的物流配送情况，物流服务机构及所提供的物流服务。可以通过建立信息平台的方式整合各类信息，为产业内的各类组织服务。

（2）技术资源

产业集群内的技术资源包括产品研发技术、管理技术和生产技术等。可以通过技术转移或技术引进获取成熟的产业技术，从而把这些固化的知识迅速转化为生产力。产业技术是动态发展变化的，需要经常对其进行适应性改进。对于任何一个企业而言，很难仅以完全依靠自主创新来获取技术，因为自主技术创新是一个投入大、耗时长、风险高的过程，在完全封闭的情况下，完全依赖自主创新技术进步的进程很缓慢，这会导致产业能力低下。实际上，由于科学技术的迅猛发展，即使是跨国汽车公司也很难做到完全通过自主创新的方式来获得企业需要的所有技术。当然，任何一个企业的发展也不能完全依靠或过度依靠引进技术，不然就会在技术发展与产业升级方面受到其他企业的限制。技术引进一般只能获取技术本身，而不能获取技术开发的能力，而且所引进的技术一般也不是核心技术或最新技术。长期依赖技术引进的汽车企业，会在技术能力上远远落后于其他企业。汽车企业对技术进行消化吸收的关键就是要理解、分析和验证技术形成过程中所用的各种知识，从而掌握技术背后的原理，将知识整合成技术的程序与方式，提高整体设计与系统集成能力，同时还需要配合大量的模型实验验证与产品样品试制。然而，一些技术知识与新知识以隐性知识的形式存在于技术原创人员的大脑中或受法律保护的专利中，因此技术开发人员一般只能获得少量反映最终成果的外在技术的最末端的外围知识，而核心知识以及把其相关知识加以组合转变为技术的过程性质一般需要汽车企业自己去探索。

（3）知识资源

知识分布式地散落在全球不同的角落，为不同地区、不同行业、不同职业的人所拥有。一项新产品的推出，需要经历创意、设计、开发、采购、生产和营销等多个流程、多种工序，在产品中凝结了不同专业不同部门，甚至是跨国与跨区域的具有不同文化的参与者的专业知识与技能。因此，有效地整合这些分布式的知识，使之转变为可以创造市场价值的知识产品或知识项目，就是产品设计者和企业管理者所面临的一个艰巨任务。知识整合是指有目的有意识地收集、获取、分类、整理、优化、重组、交流和共享知识的过程，包括构建知识网络、挖掘知识价值、梳理知识流程、整合有价值的互补性知识、为获得核心技术而对创新资源与人力资本的战略性合作、布局与重组。

（4）制度资源

产业能力是具备一定制度属性的，产业能力是建立在社会化分工与集体协作基础上的一种能力。产业能力影响着资源创造与价值实现，也影响着利益分配。不合理的利益分配会使得人们从事知识生产的意愿下降，从而制约发展产业能力。因此，发展产业能力的一个重要前提是解决相应的激励与约束机制问题，建立相应制度的同时培育一种鼓励合作与科技进步的社会文化。产业能力是可以构建与优化产业链，支持与改善产业发展环境，支持企业、大学、科研机构相互之间进行协同创新与知识整合的过程中所表现出来的能力。产业能力包括自发性或有意识的组织之间协调与产业协同、产业战略、产业组织、产业政策、国家体制、市场监管以及文化对塑造企业家精神的影响等。政府可以通过制定相应的政策和建立相应的制度来促进产业升级，同时，制度变迁可以帮助产业组织实现优化。因此，以制度变迁的形式来实现产业升级，不仅可以改善产业外部的宏观环境，而且还可以促进产业组织的优化。

（5）建立集群内汽车产业创新体系

在产业集群内部可以通过管理创新，鼓励在集群内部的技术资源和人力资源等进行合理流动，需要建立集群内汽车产业创新体系。这个体系应该由政府牵头，借助行业协会的力量和高校及科研院所等科研机构的力量，并且是以汽车企业作为创新的主体存在的。为了最大限度地创造价值，需要充分发挥集群内汽车企业的创新主体的作用，从而统筹协调与利用资源，要求汽车企业培育整合内外部资源的能力和集成内外部技术的能力。

7.2.2 加强产业集群内合作

为了产生更大的协同效应，产业集群内部各组织之间应进一步加强合作。例如，整车企业与零部件企业之间加强合作，可以共同提升自主研发能力，共同提升整车产业的技术含量。整车企业应加强与大学和科研院所等科研机构的合作，并建立相应的产学研合作机制，通过共同努力，将科研机制的最新研究成果在最短的时间内通过孵化器实现商业化，从而不断实现汽车产品技术的原始创新和集成创新。还可以进一步加强与产业集群内整车企业与相应服务机构的合作，可以进一步提升效率。

7.2.3 提升产业集群内服务

在产业集群内，可以通过创新服务平台的构建，来促进技术创新成果的转移与扩散，最终实现技术创新成果产业化。以汽车产业自主创新体系与汽车产业公共技术平台为基础，研究基础性的、共性的及关键核心技术，从而期望在重大技术上实现突破性创新。提升产业集群内服务的具体措施体现在以下几个方面。

（1）创新服务平台

要实现自主创新就需要建立相应的创新服务平台，从而提升汽车企业的自主创新能力。在创新服务平台上，实现服务组织网络化、服务内容产业化和服务功能社会化，以进一步培育汽车企业自主创新能力。充分发挥创新服务平台上服务机构的积极性，提升汽车企业自主创新成果的转移与扩散的效率，使得汽车企业的自主创新活动融入日常的生产制造中，实现自主创新成果产业化，最终提高汽车企业自主创新能力。

（2）汽车产业发展战略研究平台

为了提升我国汽车产业在国际上的竞争能力，全面促进汽车产业升级，我国政府很有必要进一步研究我国汽车产业的发展战略，通过对我国汽车产业发展历程中存在的问题和获得的经验进行分析，同时在借鉴国外汽车产业发展经验的基础上，深入分析我国汽车产业的发展趋势，从而前瞻性地制定我国汽车产业的发展战略。为了进一步保证发展战略的科学性及延续性，可以设定一些由国家主导的战略研究机构，聚集全国汽车行业专家与学者的集体智慧，为进一步振兴民族汽车工业而努力，最终实现我国汽车产业的全球价值链上的价值量全面提升。

（3）构建汽车行业公共技术平台

需要依托集群内汽车企业的技术中心、科研机构和专业的汽车设计公司,来构建汽车产业公共技术平台。同时还可以借助集群外的科研资源与力量,积极发挥大学等科研机构在集群内汽车企业创新中的作用,建立公共技术研究中心与实验中心。公共的技术平台主要是通过集体的力量来共同攻关汽车产业内有一定难度的共性技术,这样既可以发挥群体的协同效应,又可以降低单个企业的研发成本,从而提高研发工作的效率和效益。另外,在汽车企业研发和日常的生产运作过程中,经常需要用到检测设备的技术,由汽车行业公共技术平台来承担一些常规的检测职能,可以进一步降低汽车企业的资金占有率,又可以有效地避免重复建设,从而提高汽车企业进行自主创新的积极性。在公共技术平台的建设过程中,大学与科研院所等科研机构是不可或缺的重要力量,集群内汽车企业要进一步加强与这些科研机构的深入合作,从而有效地缩短汽车产品从最初概念到最终成品的历程,从而大大提高汽车企业的生产运营效率。

(4) 建立高效融资平台

为促进集群内汽车企业积极开展研发活动,并解决汽车企业在发展过程中所遇到的融资问题,需要建立融资平台,因为研发活动是汽车产业进行自主创新的主要活动之一,能使汽车企业实现良好的自我发展,同时也可以积极地参与市场竞争,应通过加大对研发的投入来提升汽车企业的自主创新能力。有效的融资平台对汽车企业的发展至关重要,一般而言,构建高效的融资平台可以通过以下措施来进行:①加大财政资金的支持力度。凡是属于国家、省、市财政资助的科技创新项目或被新认定为国家、省、市级高新技术研发中心的,应该按规定比例给予配套资助。②加大对汽车企业自主创新行为的支持力度。为了促进汽车企业进行自主创新,提高其自主创新的积极性,对于汽车企业的自主创新行为给予一定的资金支持和政策支持。③扩大融资来源。通过建立汽车企业创新融资市场,进一步完善融资运作机制,并且指导投资者与服务机构为汽车企业的技术创新项目进行融资,扩大汽车企业的融资来源,优化融资结构。④引入各类金融机构。为提高融资的成功率，可以通过建立中小企业信用担保机构，保证汽车企业的资金链能进行良好的运行，促进金融机构的良性发展。⑤吸引风险投资。风险投资是汽车企业进行自主创新时的另一重要的融资来源。但是由于我国风险投资的运作历史并不长，为了进一步发展风险投资，需要进一步丰富风险投资的资金来源，进一步完善风险投资的运作机制和利润分配机制，在国家层面上则需要进一步完善投资和融资机制，丰富一系列的优惠政策等，以进一步推进风险投资的健康发展。

（5）人力资源平台

人力资源是知识的主要载体，是进行自主创新的决定性因素。要实现汽车产业升级，就需要培养和集聚一大批具有自主创新能力的人才。汽车产业集群内的企业应该共同打造汽车产业的发展环境，提供创新人才施展才华的舞台，以富有激励的政策来吸引自主创新人力资源，最终产生人才积聚效应。

在产业集群内汽车企业发展的过程中，会遇到一些生产经营的难题，人力资源平台上应组织各类人才为企业服务，如技术人才，可以以兼职或专职等多种灵活的形式解决企业发展过程中的技术问题；管理人才，可以及时解决企业在发展过程中所遇到的管理问题，为企业的发展出谋划策。这些人才可以以团队的形式作为兼职队伍存在，也可以为企业发展建立人才库，及时满足企业对各类人才的需要。高校和科研院所等科研机构是人才比较集中的地方，因此建立产业集群内的人力资源平台必须借助于这些科研机构的力量才能得以顺利进行。

为了保证人力资源平台的良性运作，需要采取一些政策措施，如相应的激励机制，以激发各类人才的自主创新积极性，充分发挥他们的智慧，为实现产业集群内的自主创新能力的提升而努力。合理的竞争机制可以进一步激发各类人才的创造性，挖掘他们的潜力。恰当的薪酬机制是人力资源平台良性运作的保证，以适当的形式承认人才的智力资本，能够发挥人力资源的积极性和主动性，同时也有利于培育尊重知识的良好的文化氛围。为了解除各类人才的后顾之忧，需要进一步完善社会保险制度与社会服务机构。

(6) 物流服务平台

在整车流通的过程中，涉及采购物流、生产物流和销售物流等环节。而物流环节效率的高低直接影响汽车企业的客户响应时间和运营成本。

生产一辆汽车共需要两万个左右的零部件，这些零部件来自不同的供应商，对于合资汽车企业而言，还有一部分零部件来自海外，因此，采购物流是影响汽车生产制造的重要环节，保证各种零部件及原材料的JIT供应对采购物流提出了很高的要求。

在整车产品生产制造的过程中，要经历冲压、焊接、涂装和总装四大车间，要实现整车产品的大规模定制和混流生产，要求对生产物流做到精准管理，因此，生产物流决定了整车生产的效率和质量。

整车产品下线后，经由物流中心或经销商到达客户手中，需要考虑各渠道的销售情况，合理安排好整车销售物流，及时满足客户的需求，从而提升客户满意度。

因此，需要在行业内从采购物流、生产物流和销售物流三个主要环节搭建公共物流平台，合理优化物流，减少物流过程中的空载率，通过信息系统的构建，完善物流服务信息，通过物流服务平台的建设来促进汽车产业的发展。

7.3 制度创新构建全球价值链下汽车产业升级的环境

7.3.1 增强制度的执行力

通过研究世界汽车工业的发展历史，发现一种重要的结论，政府制定的政策主导了汽车工业发展的方向，换言之，合适的产业政策能推动汽车工业的发展。我国汽车产业的发展过程中也颁布了许多的产业政策，其中1994版《汽车工业产业政策》、2004版《汽车产业发展政策》和2012年颁布的《节能与新能源汽车发展规划》是三个影响最大的产业政策，通过对前两版汽车产业政策研究发现，我国的汽车产业发展政策侧重于引进技术、提高产业集中度、限制汽车企业的数量等方面，而对于汽车企业的自主创新能力的培养与自主品牌的建设等方面的重视还很不够，最终导致目前我国汽车工业的自主创新能力不强，汽车企业自主品牌意识淡薄。2004版《汽车产业发展政策》已经开始加强对自主创新能力和品牌策略的重视，但是以后的汽车产业发展政策还需要进一步向这些方面倾斜。需要通过政策的引导，来确定以坚持自主技术学习和自主开发为目标的汽车工业发展道路。另外，还需要提升政府相关政策的实际执行力，使得产业政策在真正意义上产生最大效果。2012年颁布的《节能与新能源汽车发展规划》强调我国节能与新能源汽车产业发展的动力为技术创新，目标为形成一批具有知识产权的技术、标准和品牌，手段为充分利用全球创新资源并加强国际科技合作与交流。通过构建新能源汽车生态系统来促进新能源汽车产业的发展，其中新能源汽车生态系统包括整车、动力电池、电动机、汽车电子、先进内燃机、高效变速器、充电设施、智能电网、市场营销、售后服务、电池回收和梯度利用等。

7.3.2 提高制度的激励力

提高制度的激励力可以通过完善知识产权制度和政府采购制度来进行。

（1）完善知识产权制度

对于汽车企业而言，进行自主创新活动不仅需要大量的资源投入，而且还要承担巨大的风险，因此，鼓励汽车企业的自主创新要尽量减少汽车企业的后顾之忧。鼓励汽车企业的自主创新需要完善的知识产权制度作为保障，国家创新体系建设应包括知识产权战略，加强知识产权的管理与保护。通过对创新行为的尊重，在全社会范围内逐步培养一种通过保护知识产权来保护创新者利益的法制文化环境。应加强知识产权人才培训工作，引导企业建立与完善知识产权管理制度。总体而言，对知识产权制度的建议主要体现在以下几个方面：

①完善知识产权制度。把完善知识产权制度提到重要位置上，综合运用各种手段引导汽车企业、科研院所与高等学校共同采取有效的措施，充分尊重他人的知识产权，切实保护组织的知识产权，在全社会范围内培育自主创新的精神，从而最终保持自主创新的动力。应完善知识产权制度，在保护创新者的利益与积极性的同时，促进自主创新技术合理而有偿地扩散，从而促进创新活动的良性循环。

②完善保护知识产权的方式。大力加强对知识产权法律实施的监督和检查工作，定期或不定期地组织各知识产权行政执法部门，检查各地区贯彻实施知识产权法律的情况，对各种侵权行为坚决予以查处与制裁。

③建立有效的激励机制，促进国内汽车企业的自主创新意识的培养。鼓励汽车企业采取引进技术与自主开发相结合的方式，在保持技术先进性的同时提高技术研发的效率，通过对国际前沿技术的关注，在全球范围内与各类相关组织进行合作，研发具有自主知识产权的先进技术。完善自主创新奖励制度，建立科技人员业绩考评制度，拓宽奖励渠道，完善自主创新工作激励机制。

④完善产学研合作机制。在汽车企业与高校和科研院所合作的过程中，会涉及专利技术申请、专利技术价值评估、专利技术入股等知识产权保护方面的问题，需要以相应的政策规定的形式把这些问题明确下来，以完善产学研合作的机制，有利于多方合作的长期性。

⑤建立专利战略研究机构。目前汽车行业专利战略处于探索研究阶段，完善的理论体系还没有形成。这远远落后于我国汽车产业

的快速发展进程，因此，汽车工业的主管部门需要进一步发挥政府的宏观管理与协调作用，在国家经济发展的总体战略的框架下，遵从国家知识产权法律法规的相关规定，进一步完善国家标准、地方标准和国际标准的建设，有针对性地解决我国汽车产业发展过程中所遇到的各类问题。通过政策的制定来鼓励汽车企业自主开发具有自主知识产权的高新技术产品，提高我国汽车企业及汽车产品在国际市场上的竞争能力。

（2）完善政府采购制度

随着政府采购规模的不断扩大，许多国家都运用政府采购手段来促进自主创新，扶持本国产业的发展。如《购买美国产品法》中规定：凡是在采购商品时使用纳税人的钱，纳税人所办企业生产的产品就具有优先购买权，只有当本国企业不能满足本国市场需要时才允许进口类似产品。在日本，由行业协会推荐对社会公众有利害关系的招投标项目，以达到支持与鼓励采购本国产品的目的。但在我国相关政策却规定对于使用进口设备实行减免税。而对购买国产设备却缺乏相应的激励政策，因而不利于国内自主品牌的发展。为了进一步促进汽车产业的发展，可以从以下几个方面来完善相关措施：

①严格执行《政府采购法》。把国内汽车企业的产品与服务纳入政府采购优先目录，通过政府机构的示范作用，影响国民认知与市场行为，进而提高自主品牌汽车的知名度和影响力。

②完善《政府采购法》配套措施，在国家重大建设项目及其财政性资金投入中，优先采购自主创新产品。在政策允许的范围内，设立非关税贸易壁垒来限制进口商品和合资产品，从而适当地保护我国自主品牌汽车企业的发展。在税收与国家采购等方面进一步支持自主品牌的培育，通过对自主开发的汽车企业进行税收优惠以及加大对自主品牌汽车的采购，进一步扶持我国汽车产业的发展。

③尽快出台《政府采购法实施条例》。虽然《中华人民共和国政府采购法》规定政府采购应当采购本国货物、工程与服务，但可

执行性不强。要尽快出台《政府采购法实施条例》来增强这一规定的执行力，要有目的地增加对技术创新的引导，给予自主品牌产品优先采购权，通过这种方式从宏观上引导汽车企业加大自身的研发投入，同时为汽车企业的研发成果创造稳定的市场环境。要以适当的形式对积极购买与使用政府采购的重点产品及服务的单位予以一定的奖励。

④加强对政府采购的监督管理。要建立健全政府采购信息发布与披露制度，加强对政府采购法律法规执行情况的监督检查，规范招投标行为，对应采购自主品牌汽车产品而未采购的，应给予相应的惩罚。

7.3.3 培育制度的文化力

需要政府通过多种方式来营造有利于汽车企业自主创新的文化环境，具体而言包括三个方面的内容：社会文化环境、制度环境和市场环境。其中，社会文化环境，是指在全社会范围内在多方主体的努力下来培育自主创新精神，培育企业家和科研人员的自主创新观念，进一步加强对自主创新行为的重视，最终使得社会文化环境呈现出对自主创新的尊重与对创新失败的宽容。培育创新文化对于提高汽车企业的自主创新能力很重要。创新主体是人，而人的创新活动是在一定的社会环境范围之内开展的。企业家精神、团队精神和合作精神对于自主创新而言是十分重要的精神，需要让全体民众认识到自主创新对于经济发展的重大意义，对于企业的自主创新愿望表示尊重，对于企业的创新活动予以支持，对于企业的创新成果予以首肯。制度环境，就是要建立和完善鼓励汽车企业进行自主创新活动及保护知识产权的法律和法规。在汽车产业政策中以明确的方式规定鼓励自主创新、尊重自主创新和奖励自主创新，让企业在良好的制度环境内从事自主创新活动，从而在制度上保证了企业进行自主创新的积极性。营造市场环境，就是促进形成公平竞争的市场秩序，打破垄断，放宽市场准入，减少差别性待遇，使国有汽车企业与民营汽车企业都能在市场环境中公平竞争，促使汽车企业将改进技术与自主创新作为赢得市场竞争的手段。

7.4 本章小结

本章主要从微观、中观和宏观三个方面提出汽车产业升级路径，从微观方面通过技术创新来实现汽车产业的升级，主要措施是企业应加大研发投入和坚持自主研发；中观方面通过区域协同来实现汽车产业的升级，主要措施有整合产业集群内资源、加强产业集群内合作和提升产业集群内服务；宏观方面通过制度创新来实现汽车产业升级，主要措施有增强制度的执行力、提高制度的激励力和培育制度的文化力。

参考文献：

[1] 王一鸣，王君. 关于提高企业自主创新能力的几个问题 [J]. 中国软科学，2005（7）：11-14.

[2] 王翔. 韩国轿车产业自主创新之路 [J]. 科研管理，2000（3）：56-61.

[3] 吕文栋，张辉. 全球价值链下的地方产业集群战略研究 [J]. 中国软科学，2005（2）：119-12.

第8章 研究结论与展望

8.1 研究结论

我国汽车产业发展六十多年来，已经取得了一定的成绩，特别是自改革开放以来，我国汽车产业取得了长足的发展，汽车产量和销量均已经占据全球领先地位，但是我国汽车产业的发展质量并不高。整体而言，我国汽车产业的自主研发能力不强，汽车产品的品牌价值不高，在全球价值链上处于低端水平。因此，我国汽车产业的升级转型势在必行。本书从微观、中观和宏观三个层面分别对我国汽车产业的升级机理进行了分析。在微观局面运用了结构方程模型的分析方法对我国汽车产业进行实证分析，得出的结论是知识创新能力和社会网络能力正向作用于能力进化机制，进而促进了汽车企业在全球价值链上价值量的提升；知识创新能力正向作用于学习提升机制进而提升了企业在全球价值链上的价值量，即学习提升机制和能力进化机制在企业全球价值链上的价值量提升中起到了中介作用。在中观层面从产业集群的角度对全球价值链上汽车产业升级进行分析，认为技术创新和制度创新是汽车产业升级的主要动力；在汽车产业集群内通过合作机制和知识管理机制的作用，最终实现汽车产业全球价值链价值优化；最后结合江西的小蓝汽车产业集群从动力机制和实现机制两方面进行案例分析。在宏观层面主要是从制度变迁理论分析汽车产业升级的宏观机理，首先根据制度演化的一般范式提出全球价值链下我国汽车产业升级的宏观机理概念模型，然后从作用机制和演化机制两方面对汽车产业升级的宏观机理进行分析，通过分析作用机制后认为汽车企业受到了内外动力的共同作用。其中内在动力包括生存发展能力、竞争合作能力、运营效率和有序程度；外在动力包括制度因素、体制因素、市场因素和风险因素。在内外动力的作用下，实现了汽车产业的升级。通过对演化机制的分析认为制度因素通过影响资源整合、产业结构优化、市场管理和技术创新来影响汽车产业升级；体制因素通过影响企业的经营效率、创新文化和企业家精神来影响汽车产业升级。研究认为应从微观、中观和宏观三个方面提升汽车产业升级路径，在微观方面主要通过技术创新来实现汽车产业的升级；在中观方面通过区域协同实现汽车产业的升级；在宏观方面通过制度创新实现汽车产业升级。

8.2 研究展望

现在，汽车产业升级这一主题已经受到了国家政府相关部门的高度重视，汽车产业升级转型将成为未来中国经济发展中的一项重要工作。本书从微观、中观和宏观三个层面对我国汽车产业升级的机理进行了研究，分析了我国汽车产业发展过程中的规律性问题，以定性和定量相结合的方式对其进行了深入的研究，为我国汽车产业的升级和管理科学提供了有参考价值的研究成果。

但是，由于外部环境的制约，以及作者的能力和研究条件的限制，我国汽车产业升级的很多方面还没有涉及。由于汽车产业升级是一个系统工程，是一个复杂性问题，因此本书很难把所有内容都囊括其中。随着汽车产业的发展，关于汽车产业升级还需要进行更深入的研究，这些问题也将是作者以后努力和工作的方向。概括起来，本书将要在以下几个方面进行进一步的研究：

①以定量的方式研究我国汽车产业升级的中观和宏观机理，对中观层面和宏观层面的汽车产业升级的理论可以进一步提炼，深化

产业动态能力理论的研究。

②对于我国汽车产业中的新能源汽车升级路径可以进一步研究，从技术升级的角度进行解释和分析。

③对国外汽车技术水平和管理水平较高的先进国家的国家政策进行梳理，并对我国汽车产业发展政策进行更加深入的比较分析，对于如何提升产业政策的针对性和可执行性进行更加深入的分析。

④对于打破区域限制，消除地方保护主义，实现汽车产业结构高度化发展，避免重复建设，在全国范围内形成有代表性的重点汽车产业集群进行更深入的研究。

附录　我国汽车产业升级调查问卷

尊敬的女士或先生：您好！

　　首先非常感谢您参与本次学术研究！感谢您对江西理工大学及本人的支持！本研究所得资料仅用于纯学术研究，我们保证对您所填写的信息予以保密，故请放心填答。您在填写过程中，如果对某些项目存在疑义，请随时与本人联系。您填答的真实性与其他问卷填答结果将共同决定本研究的准确性和科学性。

　　若贵企业需要了解本研究之成果，我们承诺在本研究完成之后将奉寄研究结论摘要以表谢忱。您的帮助与意见是本研究成功与否的要件，在此衷心期盼您的帮助，并恳请拨冗帮助填答本问卷并尽快回传。最后，再次感谢您的帮助与支持！

　　顺祝：宏图大展　骏业宏开！

江西理工大学

填写说明：

　　每个问题均为单选题，请您根据真实情况选定最符合贵企业相关情况的数字或选项，并将其字体变红或打钩（纸面问卷）。

一、基本信息

1. 贵公司所属企业类型：（　　）

（1）商用汽车整车制造企业　　　　（2）乘用汽车制造企业

（3）汽车零部件制造企业　　　　（4）汽车服务企业

（5）其他_____

2. 贵企业现有人数大约为：（　　）

（1）50人以内　　（2）51～500人　　（3）501～1000人

（4）1001～5000人　（5）5000人以上

3. 贵企业现有总资产大约为：（　　）

（1）100万元以内　　　　　　　（2）101万～1000万元

（3）1001万～1亿元　　　　　　（4）1亿元以上

4. 贵企业的性质为：（　　）

（1）中外合资企业　（2）国有企业　（3）私有企业

（4）其他_____

5. 贵企业主营业务收入2010年在国内本行业的排名大约为：（　　）

（1）前五名　　　（2）六至十名　　（3）十名以外

6. 2010年企业研发费用占当年销售总额的比例为：（　　）

（1）1%以下　　　（2）1%～2%　　（3）2%～3%

（4）3%～4%　　　（5）4%～5%　　（6）5%～10%

（7）10%以上

7. 企业的研发人员数占员工总数的比例为：（　　）

（1）2%以下　　　（2）2%～5%　　（3）5%～10%

（4）10%～20%　　（5）20%～30%　（6）30%～40%

（7）40%以上

8. 您在贵企业的职位为：（　　）

（1）股东、董事　　（2）高级管理人员　（3）中层管理人员

（4）一般管理人员　（5）技术人员　　　（6）普通员工

（7）其他_____

9. 您的职位性质为：（　　）

（1）决策、企划　　（2）研发、设计　　（3）行政

（4）人力资源　　　（5）财务　　　　　（6）生产管理

(7) 营销　　　　　(8) 信息管理　　(9) 质量管理
(10) 物流管理　　　(11) 其他_____

二、市场感知能力

选择项含义：1—非常不同意，2—不同意，3—不能确定，4—同意，5—非常同意

10. 贵企业对于环境的变化，您认为：

1) 关注汽车行业产业政策并及时调整企业战略	1 2 3 4 5
2) 关注新技术的发展并加以应用	1 2 3 4 5
3) 能敏锐地感觉到环境变化所带来的机会或威胁	1 2 3 4 5
4) 经常有效利用新市场中的新机会	1 2 3 4 5

11. 贵企业对于竞争对手的情况，您认为：

1) 销售人员了解并共享竞争对手的信息	1 2 3 4 5
2) 对于竞争对手的竞争行动做出及时的应对	1 2 3 4 5
3) 企业高层经常对竞争对手的竞争战略进行研讨	1 2 3 4 5

12. 贵企业对于顾客的变化，您认为：

1) 能较快地觉察到顾客需求的变化及发展趋势	1 2 3 4 5
2) 能较快地感知到顾客购买力的变化	1 2 3 4 5
3) 市场调研及预测能力强	1 2 3 4 5
4) 及时将收集到的顾客变化信息传递给相关部门	1 2 3 4 5
5) 与相关部门之间有很好的合作沟通机制	1 2 3 4 5

三、知识创新能力

13. 贵企业在知识获取方面，您认为：

1) 企业能有效地识别、搜寻和获取所需要的知识	1 2 3 4 5
2) 企业能准确评估从外部获取知识的价值	1 2 3 4 5
3) 有稳定且不断增长的外部知识源	1 2 3 4 5
4) 能快速理解从外部获取所需要的知识	1 2 3 4 5

14. 贵企业在知识消化方面，您认为：

1) 对获取的知识能进行组织分析	1 2 3 4 5
2) 有专门的人员对获取的知识能进行解释以便于员工的理解	1 2 3 4 5
3) 企业有专门的部门对外部知识进行协调、促进和评估	1 2 3 4 5
4) 企业能很好地融合新、旧知识	1 2 3 4 5

15. 贵企业在知识利用方面，您认为：

1) 企业建立了高效的利用外部知识的程序	1 2 3 4 5
2) 利用新知识开发新产品	1 2 3 4 5

续表

选择项含义：1—非常不同意，2—不同意，3—不能确定，4—同意，5—非常同意

3）利用新知识改善流程		1 2 3 4 5
4）利用新知识进行组织决策		1 2 3 4 5
5）利用新知识开创新的事业		1 2 3 4 5
四、社会网络能力		
16. 贵企业在与合作伙伴的协调方面，您认为：		
1）能经常得到合作伙伴的支持		1 2 3 4 5
2）合作双方能指定协调人负责合作双方的关系		1 2 3 4 5
3）能从合作伙伴获得所需的资源		1 2 3 4 5
4）合作双方能告知彼此的战略目标和潜能		1 2 3 4 5
17. 贵企业在与合作伙伴的关系方面，您认为：		
1）能与商业合作伙伴建立良好的关系		1 2 3 4 5
2）经常与合作伙伴建设性地解决问题		1 2 3 4 5
3）能灵活地处理与合作伙伴的关系		1 2 3 4 5
4）能站在合作伙伴的角度换位考虑问题		1 2 3 4 5
18. 贵企业对于合作伙伴的知识方面，您认为：		
1）非常了解合作伙伴的市场		1 2 3 4 5
2）非常了解合作伙伴的产品和服务		1 2 3 4 5
3）非常了解合作伙伴的优劣势		1 2 3 4 5
4）非常了解合作伙伴的潜能和战略		1 2 3 4 51
19. 贵企业在与合作伙伴的交流方面，您认为：		
1）合作双方的员工经常举行非正式交流		1 2 3 4 5
2）因合作项目，与合作伙伴经常举行会议		1 2 3 4 5
3）和合作伙伴经常在合作项目和相关领域沟通		1 2 3 4 5
4）管理者和员工经常能得到合作伙伴的信息反馈		1 2 3 4 5
五、学习提升机制		
20. 贵企业在员工学习方面，您认为：		
1）重视员工的学习、培训与知识更新		1 2 3 4 5
2）重视技术创新或管理创新		1 2 3 4 5
3）企业在促进技术创新和知识积累方面有相当完整的规定		1 2 3 4 5
21. 贵企业在团队学习方面，您认为：		
1）经常开展团队学习活动		1 2 3 4 5

续表

选择项含义：1—非常不同意，2—不同意，3—不能确定，4—同意，5—非常同意	
2) 有一套完善的团队学习机制	1 2 3 4 5
3) 团队内部成员之间的学习效果好	1 2 3 4 5
22. 贵企业在组织学习方面，您认为：	
1) 具有完善的从经验中学习的机制	1 2 3 4 5
2) 认为组织学习是获取公司竞争优势的重要因素	1 2 3 4 5
3) 经常性地向顾客、供应商、经销商、科研机构等战略伙伴学习	1 2 3 4 5
六、能力进化机制	
23. 贵企业在个人能力提升方面，您认为：	
1) 注重员工能力的提升	1 2 3 4 5
2) 帮助员工提升能力	1 2 3 4 5
3) 对员工能力进行常规测评	1 2 3 4 5
24. 贵企业在团队能力提升方面，您认为：	
1) 团队成员之间互相帮助以提升对方的能力	1 2 3 4 5
2) 团队之间经常相互学习以提升能力	1 2 3 4 5
3) 团队经常有从外部学习的机会以提升能力	1 2 3 4 5
25. 贵企业在组织能力提升方面，您认为：	
1) 企业对根据环境变化不断提升自身能力	1 2 3 4 5
2) 企业注重知识的积累以不断提升能力	1 2 3 4 5
3) 企业主动学习以提升能力	1 2 3 4 5
七、企业全球价值链上价值量的提升	
26. 贵企业在整车研发方面，您认为：	
1) 用于自主研发的投入大	1 2 3 4 5
2) 用于技术引进的投入大	1 2 3 4 5
3) 拥有高素质的科研人员	1 2 3 4 5
4) 与高校或其他科研机构联合开发	1 2 3 4 5
27. 贵企业在关键零部件的研发与制造方面，您认为：	
1) 参与关键零部件的研发	1 2 3 4 5
2) 参与关键零部件的制造	1 2 3 4 5
3) 业务外包	1 2 3 4 5
28. 贵企业在整车生产制造方面，您认为：	
1) 企业标准化程度高	1 2 3 4 5

续表

选择项含义：1—非常不同意，2—不同意，3—不能确定，4—同意，5—非常同意

2）企业生产设备对产品变动的应变能力强	1 2 3 4 5
3）企业对于生产工艺进行重大改进能力强	1 2 3 4 5
4）企业在生产制造过程中经常进行开发创新	1 2 3 4 5
5）有严格的质量保证体系并能够有效地实施	1 2 3 4 5
29. 贵企业在市场营销方面，您认为：	
1）具备完善的营销信息系统	1 2 3 4 5
2）能快速地处理顾客的反馈信息	1 2 3 4 5
3）针对市场变化开发有效的营销项目	1 2 3 4 5
4）能不断推出新的营销举措并带来良好的经济效益	1 2 3 4 5
30. 贵企业在品牌价值方面，您认为：	
1）在每年的全国五百强排名中居前200位	1 2 3 4 5
2）每年在全国五百强中的排名都前进几位	1 2 3 4 5
3）品牌价值占产品售价的三分之一以上	1 2 3 4 5

全部内容结束，再次感谢您的大力支持！谢谢！

如您需要研究摘要，请留下您的联系方式

E－mail：_____　　邮寄地址（如需书面）：_____

后　　记

几易其稿，今日终于得以完成，要感谢的人太多。感谢我的导师马卫教授，感谢我父母的默默支持，感谢我的儿子刘林煊，他一直是我前进的动力。

感谢江西理工大学资助出版，感谢知识产权出版社蔡虹编辑的大力支持，感谢所有为书稿做出贡献却没能一一标注的各位学者。

由于作者水平有限，加上产业升级是个动态变化的课题。因此，在本书的叙述中难免会出现谬误。作者真心希望读者能提出批评和建议，并请及时反馈给我，邮箱：carefreely2004@163.com，再致谢意！

刘宇

2018 年冬